光学のエスノグラフィ

フィールドワーク／映画批評

金子 遊

森話社

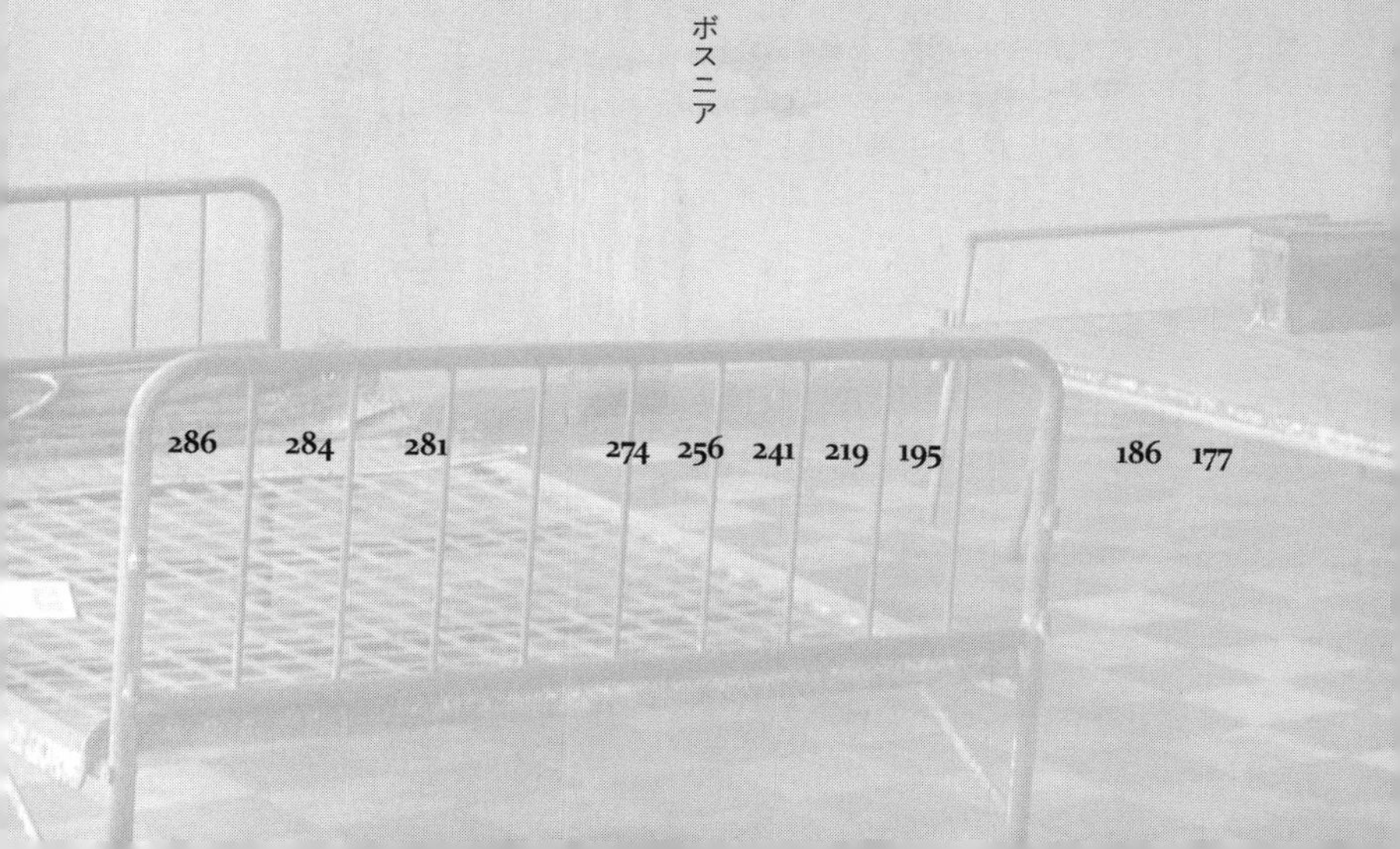

〔凡例〕

・映画、映像作品、書籍は『　』、論文、小説などは「　」で示した。

・引用文中の〔　〕は引用者による註記である。

・引用文の略は〔……〕で示した。

プロローグ──光学の民族誌《エスノグラフィ》

二月下旬のイサーン（東北タイ）は初夏の暑さで、延々とつづく赤土の大地は乾いていた。時おり見かける水牛の姿をのぞけば、乾季の時節に外で動くものとてない。東北線の電車の車窓から少しずつ緑が見えてきて、メコン河が近づいてきたかと思うと、ラオスとの国境の町ノーンカーイに着いた。町の外れにあるサラ・ケオクーをトゥクトゥクで目ざした。その寺は、ルアンプー・ブンルア・スリーラットというヒンドゥー教の寺院の開祖が、七〇年代なかばから二〇年がかりで信者たちとともに建立した。庭園には、彼が瞑想のなかで見たヴィジョンをもとにした神々や幻想的な動物たちの、一〇〇以上におよぶコンクリート製の石像彫刻がところ狭しとひしめきあっていた。

サラ・ケオクーを歩いてみて驚いたのは、その石像の大きさだった。大きなものではビルの三、四階に達する高さがある。ヒンドゥー教の神々のほかに、上座部仏教《テーラワーダ》や大乗仏教《マハーヤーナ》の説話からきた彫像、それにイサーンの民間的な精霊信仰と思われる題材もあつかわれている。スリーラットは若いときに森のなかで穴に落ち、そこで出会った蛇から地下世界のことや土地の伝承を教わった。ベトナムでヒンドゥー教の行者として修行を積んだあと、メコン河のラオス側で石像づくりをはじめたが、ラオスが共産主義化して彼のような神秘主義が認められなくなり、また彼自身がゲイであったこともあって故郷のノーンカーイにもどってきたという。[1]

この寺院にあるヒンドゥー教の多種多様な神々、生まれてから死して骸骨になるまでの「人生の輪」を見せてそのむなしさを諭す石像群、それから犬や水牛や幻獣の像などを撮影して、『花火（アーカイヴス）』（14）という映像インスタレーションにしたのが、タイの映画作家であるアピチャッポン・ウィーラセタクンだ。彼はこの寺院で夜に撮影し、フラッシュライトで石像彫刻を一瞬だけ闇のなかに甦らせる。あるいは、花火の光でその無気味な姿を浮かびあがらせる。アピチャッポンは、フラッシュライトや花火といった光をうまく操作することによって、動きのない石像彫刻に生気を吹きこんでいるのだ。東京の美術館で開催された「亡霊たち」展[2]におけるこの作品は、映画的ではないといえる方法で展示された。すなわち、背後のプロジェクターから半透過性のガラスに映像を投影したので、展示室の壁や床のあちこちに変形したイメージを反映していた。それが映画なのか、映像アートなのかを識別するときに、このようなアートとしての実質である設置《インスタレーション》があるかないかは、ひとつの指標となるだろう。

映像芸術の文脈においても、より広い一般的なアートの文脈においても、グローバル化する世界のなかで、作家や鑑賞者はローカルな感性に光をあてた作品を志向するようになっている。インターネットやスマートフォンの普及によって、世界中のどこにいてもリアルタイムで同じ経験ができるようになったことは、芸術文化においては、むしろさまざまな平板化をもたらしてしまう。アピチャッポン・ウィーラセタクンのような欧米で芸術教育を受けた作家が、故郷の東北タイ《イサーン》に帰ってきて、その土地に土着の精霊信仰や民衆芸術《フォーク・アート》を掘り起こし、ローカルな伝統文化にインスパイアされて自分の作品を形づくっていくということが、世界の各地で多くのアーティストたちの手によって起こっている。そのような時代にあっては、どうしてもアートの研究というものがエスノグラフィを書く行為に近づいていかざるを得ない。作家やその作品を深く掘り下げて考えるだけでなく、その作品が根づいている文化的な土壌を理解するためにフィールド旅行をしてローカルな場所を訪ね歩き、背景にある民衆文化、民間信仰、フォークロアの世界にまで分け入っていかざるを得ないのだ。

ところで、わたしはいま「エスノグラフィ」という言葉を使ったが、それは本来、文化人類学や民俗学、社会学などで使われる専門用語であった。ethnos（民族グループ）＋graphy（記述）からなる言葉であるので、調査旅行や現地への長期滞在を通じて、ある民族的なまとまりのある集団を研究し、それについて文章に記述することを意味する。つまり、文化人類学や民族誌学という人文学において科学的な研究に資するために、ドキュメント（資料）という客観的なデータを書くことが目的とされていた。しかし、現代になってそのあり方には、いろいろな批判が加えられてきた。「専門家とはいえ、ひとりの人物が調査し記述したものを、客観的な事実だと見なすのは妥当ではないのではないか」ということだ。さらには「その調査者のほとんどが西欧人ばかりであり、西洋的な視点から非西洋の社会や文化を解釈することには、さまざまな政治的な意図や立場が紛れこむことが不可避なのではないか」といった批判もでてきた。そのなかで、自己を特権的な立場に置くのではなく、他者との関係性のなかに位置づけ直し、自己を再帰的に振り返るエスノグラフィの流れが登場してきた。

そのような現代的な潮流においては、調査の記録や論文形式だけではなく、調査のなかで書かれたトラヴェローグ（旅行記）や詩や小説、撮影された写真や映像などのイメージによる記録、録音された音声や描かれた絵画なども、重要なエスノグラフィの行為だと見なされるようになった。また、民族誌を記述する人間は訓練された学者や研究者ばかりではなく、芸術分野の創作者からマーケティングの調査員まで、さまざまな人がフィールドワークと参与観察を中心に据えた「エスノグラフィ」を実践するようになったのである。近年では、美術家や映像作家らが作品をつくる前にリサーチする行為をエスノグラフィの言葉で説明する傾向も目立ってきている。わたしたちの関心事に引きつけていうと、映像作品やアート作品を研究するためにエスノグラフィックな調査活動をすることもあれば、創作者たちもまた、自身の作品を生みだすためにフィールドワークを重ねるという行為が一般的になってきている。

ところで、アピチャッポンの『花火（アーカイヴス）』の展示を見て思いだしたのは、意外なことに、その一年前に早稲田大学の演劇博物館で見た「幻燈展」のことだった。[3] 幻燈機ことマジック・ランタンは、一七世紀にヨーロッパで発明され、一八世紀の江戸時代後期には日本列島に到来していた。いわゆる映画の発明は一八九五年とされるから、プロジェクション・メディアは映画より二〇〇年以上も早かったことになる。幻燈機はスライド映写機やプロジェクターなどの光学的な装置の先祖であり、昔はろうそくやランプを光源にし、ガラス板に描かれた絵を拡大レンズを使ってスクリーンに投影していた。映画の誕生以前から人類は暗闇で肩を寄せあい、拡大されたイメージをながめる経験をしていたのだ。

おもしろいことに、幻燈機では連続的な展開をつくるために、ガラス板に何枚かの絵を描き、そのスライドをずらすことで擬似的な動きを生みだす。最初の一枚は浮世絵的な女性の絵だったものが、次のスライドではそこに幽霊があらわれるといった具合だ。これはまさにアニメーションの原型である。江戸期のうちから庶民を相手に幻燈機によるイメージを見せて、そこに噺家が語りをのせるということがおこなわれていた。

よく知られているように、アニメーションという言葉は、英語の animate（生気を吹きこむ）からきている。もとをたどれば、ラテン語の animare（生を与える）や anima（息）に由来する。アニマには生命や霊魂という意味もあり、そこからアニミズムという単語が生まれた。あらゆる場所に映像が氾濫し、動くイメージに囲まれて暮らす現代社会において忘れがちなのは、幻燈機や『花火（アーカイヴス）』に見られるように、映像が動き、イメージに生命が宿ることへの初源的な驚きではないだろうか。それは無機物にふうっと息を吹きこんで、そこに霊的なものの存在が感じられるようにするアニミズムの世界とも深いところでつながっている。

そのように考えると、クリス・マルケルがつくった『ラ・ジュテ』(62)というSF映画の古典にも、これまでと少しちがった光を当てられるようになる。マルケルが写真を組みあわせ、あるいは映画フィルムからスチール写真を切りだして、それらを再びモンタージュするという手のこんだ方法をとったことの意味は何だったのか。『ラ・ジュテ』では、主人公の男がエレーヌ・シャトラン扮する記憶のなかの女性と初めて一夜をともにする場面を、ゆったりとした写真のオーバーラップの連続で見せていく。朝の弱い陽光のなかで、愛しい人が寝ている姿を見るときほど人生において幸福な時間はあるのだろうかと心が震える場面だ。しかし、マルケルはシャトランが目を覚まして目をぱちくりとする一瞬だけ、動画を差しはさんでハッとさせる。ふつうに考えれば『ラ・ジュテ』にたった一か所だけ入れられた動画は、この部分が通常の写真ではなく、動画から切りだされたスチール写真を再アニメートしたことを示すために置かれたのだろう。だが、わたしたちがこれまで考えてきた文脈からすると、それよりもむしろ、連続する静止イメージにふたたび生気が吹きこまれることの方が重要に思えてくる。動かないイメージに対して、何か霊的なものの息が吹きこまれること。それはいったい何なのか。このあたりをもっと煮詰めていくことはできないか。

映画批評家のアンドレ・バザンが書いた『映画とは何か』[4]に収録された「写真映像の存在論」という文章には、映画と写真の関係を考えるうえで興味ぶかい視点が提出されている。そのひとつはミイラの問題である。地球上の植物も動物も人間も、生命体はひとしく有機体としての有限な肉体をもっており、ある一定の時間が経過すれば必ず肉体的な死がおとずれる。最終的には、無慈悲な時間だけが勝利するのだ。ところがエジプトの古代宗教では、人間の死体を防腐処理して永続的に肉体を維持することができれば、その人の死後の生が保証されると考えた。それがミイラであった。

アンドレ・バザンは、ある瞬間を客観的に保存する写真の起源に、エジプトのミイラや、動物を剝製にして保存する人間の根源的な欲望を見た。不死への憧憬である。そのような写真を時間軸のなかに配置したものが、活動写真である映画なのだ。だから『ラ・ジュテ』の試みをバザン流に考えれば、いったん静止して無時間のなかに宙吊りにされた写真イメージを、映写機の間欠運動によってふたたび動かすことに他ならない。いわば、一度死んでしまったものを動かすこと、つまり、ミイラというよりは、動く死体としての「ゾンビ」をつくりだしていることになる。

何か動かないものを動かしたいという欲望、あるいは、死んでしまったものに生気を吹きこみたいという欲望。不死と生気のせめぎ合い。そのような観点では、クリス・マルケルがアラン・レネと共同監督した最初期の短篇『彫像もまた死す』(53)は、『ラ・ジュテ』と同系統の映画だと見なすことができる。ヨーロッパ人がアフリカの各地に旅をして、農具や仮面、神々の像、宗教的な祭儀の道具など現地の物品を収集したうえで、美術館ではなく博物館で展示していることにマルケルは激怒した。それらは美術品として美術館で展示されるべきだと考えたのだ。そこで彼はアフリカの彫刻や民具や造形作品を動きのあるカメラワークで撮影し、編集をほどこして、そこに生命の躍動感を取りもどそうとした。『彫像もまた死す』という作品は、ヨーロッパの博物館という死した空間にすぎない場所から、アフリカの彫刻を解き放ち、本来の人々の生活、宗教的な儀礼、祝祭的な文脈へと送り返すことをねらった映画だった。

そのような意味では、クリス・マルケルは最初からアニメートする映画作家だったといえる。ここで気をつけなくてはならないのは、アンドレ・バザンが指摘したことでもあるが、写真には時空間におけるある瞬間のミイラや剝製をつくる力がある一方で、それをあくまでも記録的で客観的におこなうということだ。たとえば、ふだんわたしたちが身のまわりの光景を見るとき、あるいは人間や物体などの対象を見るとき、注意散漫だったり主観が入りこんだりして、一種の色眼鏡をとおして現実を見ることが多い。ところが、写真で写しとられた現実のイメージには、基本的にはそのような主観的な要素は入りこまない。つくられたままの地球上の自然がそこに記録される。だから、自分で写真や映像を撮っておいて、それをあとでじっくり眺めて、そこに新しい発見を次々にしては驚くというようなことが起こる。

撮影されたそのショットがフィクションであるかドキュメンタリーであるかにかかわらず、また、そのショットにおけるフレーミングやアングル、演出や撮影上の選択によって作者の意図がどの程度反映されているかに関係なく、映像のつくり手は、地球上における自然や社会の不完全な模造（ミイラ、剝製など）をイメージとして取りだしてくるのだと考えてみる。そのような撮影行為にまつわるイメージの収集作業を、ここでは仮に光学的な民族誌《エスノグラフィ》と呼ぶことにしよう。映像のつくり手は、それらの死したイメージをならべて、編集し、さまざまな感情や物語のブロックへと組み立てる。そのプロセスのどこかで生気や霊魂が吹きこまれるのだ。

それと同時に、有機的なイメージの連鎖として組み立てられた作品が、受け手によってスクリーンやモニターの上でながめられるとき、そこでもアニマの魔術がはたらく。スクリーンと受け手のあいだのどこかで生気が入りこみ、感情が分泌され、そこに生命や霊魂があるという感覚が生まれる。そう考えると、映像を見る行為もまたイメージを集める創造的な作業であり、光学的なエスノグラフィの実践を内側に含んでいるといえるかもしれない。この地平までくると、すでに映像のつくり手、映像の視聴者という区分すら自明のものではなくなっている。外部に自然界があり、撮像の媒体があって、そこで収集されたイメージを組みあわせて映しだすスクリーン（現代ではポストメディウム的に複数の媒体にまたがる）がある。一連のイメージをインプットしてアウトプットする光学的で電子的なサーキットは、ニューラル・ネットワークのように増殖と消滅をくり返しながら、不完全な「世界」

の模像をつくりだし、現代社会のあらゆる層に入りこんで生命と霊魂を生みだしている。そんなヴィジョンが立ちあがってくる。イメージを撮ることの旅、撮られたイメージを見るという旅を、ひとりの人間の経験のなかに一元化するために、わたしたちは「光学のエスノグラフィ」と呼べるような営為を想定せざるを得ないだろう。

クリス・マルケルがみずからの飼い猫を「エジプトのギョーム」と呼んでいたことは有名な話である。そのギョームという名の猫は何代かにわたって続いたらしい。人類ではじめて猫を家畜化した記録が残っているのはエジプトである。紀元前五〇〇〇年くらい前から、人類はネズミをとるために猫を飼うようになった。それはリビアヤマネコという種類の猫だったといわれる。紀元前二〇〇〇年頃から、猫はトーテム崇拝の対象になった。すなわち、自分たちの氏族や部族の祖先が猫である、といいだした人たちがいたのだ。猫をトーテムとして崇める部族と戦争をするときには、その敵は嫌がらせのために最前線に猫たちを配置して攻撃させないようにしたというエピソードも残っている。それくらい猫を崇敬の対象とした時代があったのだ。

他方で、古代エジプトでは、猫は女神の化身として人びとを病気や事故から守ってくれる魔除けの役割を果たしていた。それはのちに、猫の頭をもった女神バステトへの信仰となって表れている。エジプトの古代墓地からは猫の骨が多く発見されており、ピラミッドの壁画や家具などに施されたレリーフには猫の図案が数多くある。神聖な動物であり、家畜としても愛された猫は、死んだあとにミイラ化の処理をほどこされて、猫専用の墓地に手厚く葬られたといわれる。そして、死後の世界にいっても生前の姿を保持したまま、いつまでも人間たちを疫病やナイル河の氾濫のような自然災害から守ってくれると信じられていた。猫好きだったクリス・マルケルは、おそらく古代エジプトにおいて猫が大切にされていたことを知り、飼い猫をエジプトのギョームと呼ぶようになったのだろう。そして、彼にとって猫とは、写真や映画のようなイメージの芸術以上に、アニミスティックな崇拝の対象であったにちがいない。

1 「The Sculpture Park」Mut Mee Garden ウェブサイト（http://www.mutmee.com/030010_sculpture_park.html）.

2 「アピチャッポン・ウィーラセタクン 亡霊たち」展、東京都立写真美術館、二〇一六年一二月一三日－二〇一七年一月二九日。

3 「幻燈展——プロジェクション・メディアの考古学」早稲田大学坪内博士記念演劇博物館、二〇一五年四月一日－八月二日。

4　アンドレ・バザン「写真映像の存在論」『映画とは何か（上）』野崎歓・大原宣久・谷本道昭訳、岩波文庫、二〇一五年。

1

光学的イメージの旅

國
國
昌
五
金
興
義
橡
膠
興義橡膠
信旭鐵網
國昌
DIY
汽車
音響吸音泡綿
高萬塑膠
鋁
金觀誠金屬
大觀
橡膠
塑膠
壓克力
精品玩具批發
何伸昌
2556-1352
2556-8439

民族誌家としてのアーティスト

マヤ・デレンとヴードゥー信仰

西アフリカ起源のフォークロア

南半球の三月は、晩夏の季節だといっていい。ブラジルで生まれ育った学生時代からの友人Aさんと、サンパウロから車で二時間も走っただろうか。のどが乾いたので、道ばたにある休憩所に寄った。公園に置いてありそうな粗末なウッドテーブルに、フルーツやお菓子をならべている。ほんのり赤みがかったおいしそうなマンゴーを買った。

「あんたたち、すぐに食べるのかい?」

太った黒人の奥さんが言うので、手渡すとナイフで切ってくれた。そのままかぶりつくと、舌先に少ししびれるようなあわい苦みを感じ、甘みが口全体に広がっていく。ブラジルのドライヴでは飲料水を買う必要などないのだ。サンパウロ郊外にあるソロカバ市を通りすぎ、カーナビゲーションを見ながら、Aさんは赤土の大地がむきだしになった道路を四駆でわけ入っていく。しばらく行くと、まわりを白い漆喰の塀でかこまれた敷地のなかに、ウンバンダのテヘイロ（寺院）があった。

ウンバンダの儀式は長時間にわたるので、中庭には屋台や売店が出ている。壁が水色に塗られたテヘイロに入ると、海の女神イェマンジャの巨大な壁画があった。テヘイロは祭儀がおこなわれるペリスティル（広間）と、一メートルほどの高さの仕切りがあって信者や部外者たちが座る礼拝所にわかれている。ペリスティルには美しい白砂が敷きつめてあった。奥に祭壇があって、白いドレスを着た黒人の太陽神オシャラや、盾と剣を持った黒人剣士で秩序と法の神オグンなど、アフリカ系の神々の像が飾ってある［図1］。精巧につくられた人形といったサイズだ。その他に伝統的なインディオの衣裳をまとったカボクロの神も、十字架やキリスト像もあった。大航海時代に奴隷として南米へ連れてこられた人たちによる西アフリカ起源の宗教とインディオの信仰、それにカトリックが習合しており、それらが祭壇で共存しているのが見てとれた。私はAさんに言った。

「アフリカの神さまだけじゃなくて、先住民や支配層の神さまも祀るなんて寛容だね」

「ここの霊媒の女性は、黒人とインディオの混血なんだって話してたよ」

と、Aさんはポルトガル語を解さない私のために通訳してくれる。目の前で白装束の男性が少年ら数人とならんで、アタバキと呼ばれる円錐形の打楽器を練習しはじめた。するとバイーア風の白いドレスを着て、首にネックレスを下げた霊媒の女性が入ってきた。彼女はマンイ・ヂ・サント（聖なる母）と呼ばれる女性の司祭だった。寺院のなかは人でいっぱいになってきた。アタバキの激しいパーカッション音楽のなかで、白い衣裳の信者たちが踊りだす。少年や少女も多い。神霊《オリシャ》を召還する儀式であるらしく、激しく踊りながら歌をうたう。女性司祭はさかんに葉巻をふかして祈りの言葉をとなえ、自在に砂上を移動しながらクルクルとまわるように踊る。私は写真を撮っていいものか迷いながら、音楽にあわせてステップを踏んでいた。ふとマンイ・ヂ・サントの動きが止まり、トランス状態になった彼女の体がひくひくと痙攣する。そして、すべての力を放出したかのように脱力してうな垂れた。頭に神霊が憑依したのである。途端に彼女の表情や所作が変わり、川の女神オシュンとして振るまうようになった。しばらくすると、踊っていた信者たちの頭にも次々と見えない存在が憑依していき、ペリステ

図１　ウンバンダの祭壇（撮影筆者、2013）

イルのなかは神霊たちで満たされた。

ウンバンダの儀式は午後にはじまって、しばしば夜中まで長時間におよぶ。やはり驚くのは、神霊が人間に憑依するそのダイレクトさだ。降臨した神霊によっては呪医として病気や体の悪い人を治癒したり、占いや呪術をほどこしたりしてくれる〔図2〕。酒やタバコを呑み、いたずらや性的なジョークが好きな人間くさい神霊もいる。私も祭壇の前にいざなわれて、マンイ・ヂ・サントに憑依した女神に占ってもらった。それは戦慄するような経験だった。その日に初めて会ったばかりなのに、女神は触診するように私の胸と背中をさわっただけで「どうしてあなたは世界の紛争地ばかりをめぐっているのか」と訊かれた。たしかに私はこれまでイラク、パレスチナ、旧ユーゴスラヴィア、印中国境地帯を旅していた。どうしてそんなことがわかるのか、ふしぎでならなかった。私は女神のまえで神妙な気持ちになり、若くして亡くなった近しい人のことをいろいろとたずねた。

妙に疲れて中庭のベンチに腰かけていたら、Aさんがテヘイロから出てきた。目には涙をうかべている。どうしたのかと訊くと、彼女はマンイ・ヂ・サントに憑依した川の女神オシュンに初対面で「あなたは大いなる愛を失った」と言われ、そこでどっと涙があふれてしまったのだという。一〇年ほど前にAさんは結婚まで考えていた交際相手と別れてしまい、長いあいだ精神的に苦しんでいた。川の女神は彼女に「別れた男性には根っこというものがなく、ふらふらとして物ごとへのこだわりがない人間だ」と助言した。そして、ひとつの呪術を実践するようAさんに命じた。家の近くにある滝へ入って、川の女神にあいさつをする。黄色いバラを七本とひょうたんを半分に割ったものを持っていき、ひょうたんの内側をよく水で洗う。それから川の水とオレンジのエキスで体を清めて、七本のバラを川に流しなさい、そうすれば別の愛がやってくるだろうとのことだった。

Aさんは手のひらを開いて、マンイ・ヂ・サントの助手が書いてくれたメモを見せてくれた。そこに書かれたポルトガル語を見て、急に目がしらが熱くなった。大きな声をだして叫びたいような衝動にかられた。その瞬間、庭で繁茂しているデンデヤシの葉がざわめいた気がした。私はそのとき誰がなんといおうと、この呪術の力を肯定しようと心に誓った。先ほど占いが終わっておずおずと「ペリスティルの内部を撮影しても良いですか」とたずねたときに、川の女神はこう言ってくれたからだ。

「写真を二枚だけなら、かまわないよ」

それは私にとって、とても寛容な神的存在にふれたは

図2　ウンバンダのマンイ・ヂ・サント（同）

じめての経験だった。ウンバンダのテヘイロで起きたことは、それまでもっていた信仰に対する私の先入観をくつがえし、ブラジル内陸部の風景のなかで神々に対するイメージを根底から変えてしまったのである。

アマチュアの全人性

ヴードゥーは、環カリブ世界に広がるアフリカ的な習俗信仰である。ニューオリンズやハイチではヴードゥー、キューバではサンテリーア、ブラジルではカントンブレやウンバンダと呼ばれるが、それらは奴隷制時代に西アフリカの大西洋岸地域から伝わったとされる起源をもつ。それらは先住民であるインディオの信仰やヨーロッパ人が伝えたキリスト教と習合しながら地域ごとに多様化していったが、そこで信仰される人間くさい多神教的な神々の種類と、神霊がトランス状態にはいった人間の頭に憑依するという核心部分では共通している。それは民衆が暮らしのなかで育んできた精霊信仰であり、年中行事や歳時記と結びつき、民話や芸能をも含んでいる。そのような意味では、宗教という限定された言葉よりは、広く民俗（フォークロア）としてとらえたほうがいい。

マヤ・デレンはアメリカのアヴァンギャルド映画を代表する作家であり、『午後の網目』*Meshes of*

the Afternoon（43）をはじめとする六本の美しい短篇映画と数本の未完成フィルムを残した。その一方で、彼女が足かけ八年にわたってカリブ海のハイチへ通い、ヴードゥー信仰の撮影と研究のためにその地で合計二二か月を費やしたことも知られている。しかし、前衛的な映画のつくり手が、どうしてヴードゥーの民俗的な宇宙にふかく沈潜することになったのか、十全に解明されてきたとはいいがたい。それはダンサーとして活動していた女性がやがて前衛映画を撮るようになり、晩年に文化人類学の研究にいそしんだという、年譜的な説明で理解できる性質のものではない。現にマヤ・デレンは一九四七年という早い時期に、グッゲンハイムの助成金を得てヴードゥーの祭儀におけるダンスを研究し、それを記録映画におさめるためにハイチへわたったのだ。ところが、その映画は完成されずに一万八〇〇〇フィートにおよぶ未編集のフィルムが残されて、かわりに彼女は数年がかりで『聖なる騎士たち――ハイチの生きた神々』[1] *Divine Horsemen : The Living Gods of Haiti*（52）という民族誌的な大著を執筆することになった。マヤ・デレンがそれだけの学究的な知識と情熱をもっていたことに驚かされるが、どうしてそれは映画ではなく民族誌というかたちをとったのだろうか。

　マヤ・デレンは一九六一年に四四歳という若さで亡くなった。それから月日が経ち、マヤ・デレンがヴードゥーの儀式を撮ったフィルムは、彼女の三番目の夫であるテイジ・イトーらの手で編集されて映画『聖なる騎士たち：ハイチの生きた神々』*Divine Horsemen : The Living Gods of Haiti*（85）として完成した。それはマヤ・デレンが撮った映像と録音を使い、彼女の著書『聖なる騎士たち』の文章からの引用をナレーションとしてかぶせた作品になっている。マヤ・デレンの作品ということはできないが、彼女とヴードゥー信仰の関係を考察するときに多くの示唆をあたえてくれる第一級の資料である。同時にマヤ・デレンの伝記的な研究が進み、評伝やドキュメンタリー映画のなかで関係者の証言が得られてきて、ようやく深いまなざしで彼女のハイチでの営みを考える準備ができてきたといえる。マヤ・デレンのヴードゥー信仰の研究と記録映像の撮影は、決して映画作家としての活動の余技や思いつきではなく、それが一つの到達点といえるほど、彼女の内奥から出てきたものであったのだと思われる。

政治活動家、詩人、ダンサー、振付家、女優、映画作家、ドキュメンタリー作家、文化人類学者。マヤ・デレンという人を社会的な肩書きに当てはめようとしても、どうしてもそこにおさまりきらない感じが残る。さらにいえば、アメリカのアヴァンギャルド映画のミューズだったマヤ・デレンのイメージと、ヴードゥー信仰についての民族誌の書き手としてのイメージもうまく結びつかない。はたして世間が考えるように、ひとりの人間は経験を積んで何かの分野における専門性を身につけ、社会的にプロフェッショナル（専門家）として活躍できる人生のゴールを目ざして、自己のアイデンティティを形成していくものなのであろうか。マヤ・デレンはそのような価値観に対して、みずから「アマチュア」を目ざすことで、早い時期から理論的に挑戦していた。

個人映画の作家にとって大きな障害は、商業映画の制作方法に対する劣等感でしょう。個人映画を「アマチュア映画」と分類することこそが、弁解がましい区分を生みだしているといえます。しかし、ラテン語の「amator」から派生した「愛好者」という意味のこの言葉は、経済的理由や必要性からというよりも、愛情が動機となって何かをする人を意味しているのです。そしてこれこそが、個人映画の作家自身が手がかりとするべき糸口なのです。個人映画の作家は、脚本や台本の作家、ベテラン俳優、優秀なスタッフやセット、膨大な制作費などを駆使する商業映画に劣等感を抱いたりせず、商業映画の制作者が羨んでやまない大きな利点、つまり芸術的、身体的自由を駆使すべきです。[2]

英語や日本語においてアマチュアという言葉は、何かを職業としてではなく趣味としておこなう「素人」や「愛好家」、あるいは「未熟な人」という意味で使用されている。しかし、マヤ・デレンはそれをラテン語にもどせば「愛によって何かをする者」との原義が立ちあらわれるという。商業的な価値を生みだすためのハリウッドのような産業としての映画ではなく、もう一つの「芸術形式としての映画」を希求したマヤ・デレンにとって、プロフェッショナル（職業的）になることはあまり重要ではなかった。大資本を背景にした映画産業における職業的な作品のほとんどが、それまでの文学や演劇から影響を受けた既成の形式を逃れられていないと考えていたからである。

そこでマヤ・デレンは映像文化における新しい事態についてある提言をした。ドキュメンタリー映画『鏡の中のマヤ・デレン』*In the mirror of Maya Deren*（11）で引用される彼女の肉声はこんなふうに語る。

映画カメラや映画というメディアが、電信手段や飛行機などの工業的なものの発達と同じ時期、同じ環境のなかで発展してきたということを思いだしてください。そして、あるとき人間の精神に何かが起きたんです。〔ハリウッド的な〕映画システムがフィルムに閉じ込めてきたものを破壊しなければいけないと思うようになった。この考えが私を魅了しました。あなたが映画作家になるのは、文学や絵画など他の表現手段ではできない、映画にしか提示できない何かがあると思うからでしょう。[3]

映画や映像にしかできないものは何かと問うときに、詩を紙に書きつける詩人のように、絵画をキャンバスに描く画家のように、ひとりの個人が創造性を十全に発揮するためには映画の「アマチュア」として芸術としての自由を追求すべきだとマヤ・デレンは考えたのだ。

何かのアマチュアであり続けることと、未開社会における生のあり方には、実は深い関係がある。マヤ・デレンがダンサーであり、映画作家であり、人類学者であるというと、近現代の社会においてはひとつの専門性を身につけることができない、どっちつかずの人物と見なされかねない。ところが未開社会や深いルーツを残す文化では、そのような生の様態のほうがむしろ当たり前であった。そこではひとりの人間は、すぐれた狩人であり農業家である。家屋や納屋を建築することもあれば、農具や工具をつくり被服を編まなくてはならないこともある。また、共同体の一員として政治家や宗教家として振るまう場面もあり、行事や祭祀では詩人や歌い手として、踊り手として躍動する必要もあるだろう。職業分化が進む以前の社会では、ひとりの人間のなかにアマチュアとしての農業者、技術者、政治家、宗教家、芸能者が自然なかたちで共存していた。自分のなかに複数の「私」や職能者をもち、それぞれの能力を磨きあげて活発にわき立たせることは、人格障害や成人としての未熟さとはまったく関係がなかった。生きていくための知識や技能をもち、その場その場において、さまざまな感情や意志を十分に発揮することを「全人性」という。アマチュアとしてのマヤ・デレンの芸術形式や彼女の生のあり方には、未開社会と響きあう全人性がすでにあったのだ。私たちは彼女のアヴァンギャルド映画とハイチのヴードゥー信仰とのあいだに、一つの架橋をしなくてはならない。

マヤ・デレンことエレノーラ・デレンコフスキーは、一九一七年にウクライナの首都キエフでロシア系ユダヤ人の精神科医の家に生まれた。幼年時代にユダヤ人への迫害を逃れて家族とともにニューヨークへ亡命し、大学では政治学とジャーナリズムを専攻した。若い時期には社会主義運動にのめりこみ、政治活動家と最初の結婚をしている。その後一九四一年に、カリブ海のダンスや民俗研究をしながら黒人的なダンス・パフォーマンスをしていた振付家で文化人類学者のキャサリン・ダナムの秘書になった。マヤ・デレンはダナムとともにカリフォルニアへ移動して、ハリウッドの周辺でさまざまなアーティストと交友するうちに、当時はドキュメンタリー映画の共同監督や撮影を手がけていたチェコスロヴァキア出身の映像作家アレクサンダー・ハミッドと出会う。ふたりはこれからの映画が進むべき道について意気投合し、電撃的に結婚して、その二年後に撮った共同監督作が『午後の網目』である。彼女が二六歳のときの作品であった。[4]

一九五五年に書いた手紙のなかで、マヤ・デレンは最初の映画『午後の網目』を撮った背景をこんなふうに説明する。彼女はそれまで詩人として生きてきたが、頭のなかにあるイメージをうまく言葉に翻訳することができなかった。この映画に着手したとき、イメージを言葉に置きかえるという無理な回路を経ないで、直接的にイメージをあつかえるのでとても楽になった。自分にとって映画という新しいメディアを発見したというよりも、とうとう母国語のように話せる語彙、構文、文法をもったイメージの世界へ帰ってきた気がしたというのである。[5] 言葉や物語によって構築する劇映画とはまったく別の発想で、文学の散文と対比される詩のようなあり方から、マヤ・デレンが映画を撮りはじめたことが見てとれよう。話し言葉や書き言葉とはちがう位相にあって、視覚や聴覚などの知覚、意識（心）や記憶、そして夢や無意識を構成する要素である「イメージ」の無尽蔵な世界に、彼女が映画との出会いによってふれたことを確認しておきたい。

『午後の網目』はマヤ・デレンとアレクサンダー・ハミッドのふたりが、当時暮らしていた家で二週間かけて一六ミリカメラで撮影し、ふたりが出演もしている「アマチュア」映画である。異様に長い女の手が空から伸びてきて、一輪の花を坂道の真んなかに置き、突然消える。ひとりの若い女の影が近寄り、それを拾ってにおいを嗅ぐと、道の先で男の影が消える。女の影は階段をあがって家をノックするが返事はない。玄関のとびらを鍵であけて家へ入ると、部屋のなかには広げられた新聞、ナイフの突き刺さったパン、受話器の外れた電話が目に入る。若い女の足が階段をあがっていくが、二階の寝室のカーテンは風にたなびいており、レコードが空転している。女はリビングへもどり、椅子に腰かけて目を閉じる。すると寝入った女の横に女の分身が出現して、窓の外をながめる。そこから、夢のなかのようなふしぎなできごとが次々に起きていく。

この映画では、文学や演劇が築いてきた物語形式を詩的に乗りこえるべく、個人の意識のなかで起きるできごとを動くイメージで表現しようと「夢」を媒介に使う。そのような意味ではシュルレアリスム寄りの作品だが、心の内面の探求は映画の物語構造とも同期しており、観る者を抜けだすことがむずかしい迷宮へといざなう。最初に登場した若い女が眠りにおち、夢のなかでもうひとりの自分（分身）が活動をはじめる。もうひとりの自分は、先ほどの帰り道で起きたできごとの、無意識によってゆがめられたヴァージョンを経験する。そこには顔が鏡になった人物がいて振りかえり、女の身体は瞬間的に移動し、ベッドのなかには強迫観念の象徴であるナイフがある、といった夢の世界である。彼女はリビングへもどって、座椅子でもとの自分（オリジナル）が眠っている姿を見つける。ところが窓外を見ると、三番目の自分（分身の分身）が坂道をかけあがってくる……。

私たちは「夢のなかの分身が見る白昼夢」という仕かけによって、マヤ・デレンの分身が増殖するプロセスを目の当たりにして、だんだんと「夢のなかの夢のなかの夢のなか……」に迷いこむ。同時に、不変であるように思っていたもとの若い女（オリジナル）の知覚でさえも、異様に長い手を見たり、階段をスローモーションであがったり、信用のならない主観ショットで撮られていたことを思いだし、すべてが最初から夢だったのではないかという不安をおぼえる。それを裏づけるかのように、目をさましたはずの若い女が、夢のなかで目ざめたにすぎなかったことが判明するラストが用意されている。そのような迷宮的な物語構造と「夢のまた夢」や「分身のまた分身」の階層構造が一致するおもしろさ以上に興味をひくのは、鏡や分身を媒介としながらマヤ・デレンが「複数の私」を描いているところだ。夢や狂気によって日常的な意識の状態が変容し、ひとつの統合的な「私」という幻想が割れた鏡のように粉々になってしまえば、その先には「複数の私」がランダムに跋扈する無意識の世界が広がっている。『午後の網目』のように夢や無意識の世界もまた具体的なイメージでできているが、自分の体が場所から場所へ瞬時に移動したり、手のひらの上の鍵が突然ナイフに変わったりするような不安定な世界なのだ。無意識における「複数の私」は、映画で複数のマヤ・デレンがそれぞれ独自の表情や行動様式をもつのと同様に、ひとつの同一性に統合できるものではない。無理に統合しようとすれば、映画のラストショットで割れた鏡と血にまみれて息絶えるマヤ・デレンの姿のように、内なる闘争の末に自己が引き裂かれてしまうだろう。また、はっきりと分身のかたちをとらないまでも、鏡やナイフに映るような刹那的な「私」はそこらじゅうに散らばっている。

『午後の網目』で特筆すべきなのは、四人目のマヤ・デレンが玄関から入ってきて、リビングのテーブルで三人の分身が一堂に会するシーンである。四人目は鍵ではなく、最初からナイフを手にもっていて攻撃的である。クジ引きでもするかのように三人の分身が鍵を手にとる動作をくり返すと、結局四人目が昼寝をするオリジナルを殺しにいくことが決まる。分身たちは自らを統合するメタレベルの「私」を殺そうとするのだ。映画のいたるところに、コンピュータグラフィックスなど存在しない時代における可能なかぎりのトリック撮影が使われている。四人目のマヤ・デレンがオリジナルを殺しにいくシーンでは、四人目がナイフをかまえて椅子から立ち上がるとき、頭上には青空が広がり、足を一歩踏みだすとそこは波打ち際であり、次の一歩で草原へ移動し、次に舗道を踏んで、最後にリビングのじゅうたんの上にもどる。このように連続する一連の動作を別の場所で撮ったショットでつなぐことで、場所から場所へ移動してしまうような夢や無意識におけるリアリティを擬似的に生みだすのである。

映画作家にとって演出手法の発明は何よりも重要であり、マヤ・デレンにとっては、夢のリアリティを生みだすモンタージュはその後の作品を貫くスタイルになった。次の作品『陸地にて』*At Land*（44）の冒頭のシーンでは、海から砂浜へ打ちあげられたマヤ・デレンが巨大な流木を這うようにあがっていくと、人びとが会話に興じる長テーブルの上へとでてしまう。『午後の網目』で夢や無意識の質感をだすために使われた手法は、ここではそれらのテーマと関連づけられていない。『陸地にて』の冒頭のシーンで海から陸に打ちあげられたマヤ・デレンの姿は、神話の世界における海の女神のようであり、そのような神霊的な存在のもつ寓話性や、それにまつわる物ごとの神秘性をかもしだすために、同じアクションカットのつなぎの編集テクニックが使われているのだ。

瞠目すべきは、その次に作られた四分の映画『カメラのための振付けの研究』*A study in Choreography for Camera*（45）である。この映画では夢のリアリティを出すためのモンタージュは、別のものに変貌している。マヤ・デレンが書いた「カメラのための振付けの研究」という文章を参照しながら簡単な分析をしてみたい。[6]『カメラための振付けの研究』の最初のシークエンスで、林のなかをカメラが右から左へゆっくりとパンしながら、三六〇度の回転をするあいだに、同じダンサーが別の位置で四回出現する。なめらかなひとつのショットに見えるように、四つのショットをつないでいるからだ。また、夢のリアリティのようにダンサーがひとつの連続的な動作をしているように見せるので、あたかもダンサーが別の位置へと瞬間移動をくり返しながらダンスをしているか、あるいは同じ動きをする四人のダンサーの分身がいるかのようなふしぎな錯覚をあたえるのだ。

マヤ・デレンは、このように映画編集によってダンサーの身体を空間や重力から解き放つ手法を「フィルム・ダンス」と呼び、ダンサーだけでなくカメラをも振り付けているのだと主張する。つまり、夢や無意識のリアリティをつくるための演出手法は、『陸地にて』における神話性を発揮するための効果を経て、フィルム・ダンスへとたどり着いたのである。撮影対象との関係性のなかでカメラの動きは振り付けられ、いわばダンサーとともにカメラは踊っている。『鏡の中のマヤ・デレン』では彼女がこのカメラワークを振り付けたときの絵コンテが紹介されているが、それを見ると、一つひとつのショットが緻密に計算されたうえで撮影され、編集されていたことがわかる。同じドキュメンタリー映画のなかで、ジョナス・メカスは次のように語る。

マヤが彼女の映画のなかでやったことは凝縮された状態や強烈さ、それに完璧さを創りあげることで、映画を詩のようにすることでした。散文は物語的で水平的であり、対照的に詩は垂直的なものなのだとマヤは言いました。映画の詩では、一つひとつのディテールを積み重ねていき、数分後にこれ以上は行けないという強度までもっていくのです。その地点では、すべてが配置され、使い果たされ、完璧になるのです。[7]

マヤ・デレンの「フィルム・ダンス」では、ダンサーの身体とカメラとのあいだに新しい関係性が構築されている。ふつうの場合、被写体とカメラの関係は主にレンズ、アングル、フレーミング、カメラワーク、モンタージュなどで決められるが、自身がダンサーであり振付家であったマヤ・デレンは、ダンサーへの振り付けで彼を演劇的な身体所作から解放し、カメラ自体を振り付けることで一定の空間に縛りつけられる身体や、地上のすべてに重くのしかかる重力から身体を自由にした。映画カメラを振り付けることとは、アマチュア映画として、それまでのナラティブな映画文法から芸術的な自由を確保する試みでもあった。被写体となる身体とカメラのあいだの関係を、ハリウッド映画のように自明の文法によって完成形へ導くのではなく、それを根本的なところから覆そうとしたのであり、ジョナス・メカスはそれを「映画を詩のようにすること」と呼んだのである。

マヤ・デレンのアヴァンギャルド映画を夢や無意識のリアリティ、神話的なイメージの醸成、フィルム・ダンスの観点から見直すとき、彼女がハイチのヴードゥー信仰を研究して記録フィルムを撮影した行為がなんであったのか、ようやくその片鱗が見えてくる。八年ものあいだハイチに通い続けて、ヴードゥーの祭儀を映像と音声で記録したマヤ・デレンが、どうしてそれを映画として完成することができず、民族誌的な書物『聖なる騎士たち』に著したのかという謎にも、それはある程度答えてくれることだろう。たしかにマヤ・デレンがダンスと人類学に目ざめたのは、黒人舞踊家で文化人類学者のキャサリン・ダナムの影響が大きかった。ドキュメンタリー映画『鏡の中のマヤ・デレン』では、一九三六年からハイチでダンスと文化人類学の研究活動をしていたダナムが登場して「最初はマヤに自分の業績を横どりされたようで腹が立ったが、彼女が真剣な人間であり、ハイチの人々に受け入れられていたので許すことにした」と証言している。

それは事実なのだろうが、他方では一九四七年にハイチへわたるまで、マヤ・デレンが『午後の網目』をはじめとする無意識と神話とダンスをめぐる映画を四本完成させていたことも忘れないでおきたい。はたから見て、いかに彼女のアヴァンギャルド映画とヴードゥー信仰の記録フィルムがかけ離れた試みに見えようとも、それは彼女のなかでは四本の映画の次に取り組むべきプロジェクトとしてつながっていたのだ。

親交のあった文化人類学者のマーガレット・ミードやグレゴリー・ベイトソンがバリ島で撮影した、祭儀のなかでトランス状態になる人びとのフィルムを観て、マヤ・デレンは刺激を受けたという。そして、グッゲンハイム財団の公的芸術支援の基金を受けるためにミード、ベイトソン、神話学者のジョーゼフ・キャンベルらの支援を得た。彼女はハイチでの研究活動の目的を、ヴードゥーの祭儀におけるダンスの研究と、それに関する記録映画の制作とした。最初は何よりもダンスの研究者として、記録映画のつくり手として、つまりは芸術家としてカリブ海の島へわたったのである。マヤ・デレンは一九四七年の九月に、八か月間滞在するためにハイチに上陸する。それから八年のあいだに計二二か月をハイチですごしたが、その映画が完成することはなかった。ハイチでの滞在中、彼女の身にいったい何が起きたというのか。マヤ・デレンに『聖なる騎士たち——ハイチの生きた神々』の書籍執筆を勧めたジョーゼフ・キャンベルは、本に寄せた「編者による前書き」で次のように書く。

「人類学者が到着するとき、神々は去ってしまう」という、私が耳にしたハイチの諺がある。一方でマヤ・デレンは学者ではなく芸術家であり、その点においては、神話のフィクションをとおして心に与えられる事実を認識するための隠された能力をもっていた。最初にハイチを訪れる前に完成していた彼女のアヴァンギャルド映画（『午後の網目』『変形された時間での儀礼』『陸地にて』

『カメラのための振付けの研究』）は、夢や視覚や幻のなかで起きるイメージからなるできごとを、彼女が理解できることを示していた。彼女が「序文」でも説明しているように、最初マヤ・デレンはハイチのダンスを主題にした映画を撮るためにハイチへ入ったのである。ところが、ヴードゥーの祭儀における恍惚のあらわれがはじめに彼女を魅了し、次に心をつかんで、彼女が知っていたあらゆる芸術のむこう側へと彼女を連れ去ってしまった。彼女はその神秘のふかい泉に十全に自分を開いて、よろこびと敬意をもって、そこから言葉の仲介を必要としないメッセージを受けとったのである。[8]

当初、マヤ・デレンが目ざしていたハイチにおける記録映画の制作は、ヴードゥーの祭儀におけるトランス状態の法悦があまりにパワフルだったので、どこかへ吹き飛んでしまったというのだ。それはアートを創造したり研究したりする経験とは比べようもないほど、強烈に彼女の心をつかんだ。それで、ヴードゥーのロア（神霊）に憑依される経験は映画にまとめられるものではないと判断し、彼女はその神話と儀礼を記述することのほうを選んだというのか。そうであるなら、どうして文化人類学的な民族誌は書けたのか。『聖なる騎士たち』を読んでいると、ヴードゥーを信仰する人びとがよそからきた白人女性に対して、よくもこれだけ多くのことを明かしたものだと感心してしまう。それは私がブラジルで体験したウンバンダの多神教的で、開けっぴろげで、先住民の神や、支配者の宗教であるカトリックの要素をおおらかに受け入れたうえで、それらを自分たちのものとしてしまっている、あの寛容さや混淆性と関係しているにちがいない。

『鏡の中のマヤ・デレン』には、一九四〇年代から五〇年代に彼女が滞在したときに通訳をつとめたハイチ人女性のマーサ・ガブリエルが登場して、カメラをヴードゥー寺院の跡地へと案内するシーンがある。「マヤは寺院で奉公をしました。彼女はヴードゥーの通過儀礼に参加して、守護してくれる神霊《ロア》を手に入れたのです。カンゾー（入信儀礼）を経験するなかで、彼女の頭はすっかり洗われました。それが終わると彼女はパワフルになり、ハイチのどこへ行っても動けるようになったのです。どこへいって写真を撮っても、映画を撮っても許されるようになりました」とマーサはいう。マーサの証言は貴重であると同時に、それが本当であるならばきわめて興味ぶかい。

「カンゾー」は将来的にウンガン（司祭）やマンボ（女性司祭）になる者、祭儀のなかで重要な役目を担いたいものがおこなう一週間ほどのイニシエーションであり、秘儀とされている。「儀礼的な死」としての清めの沐浴、断食、特製スープを飲むこと、魔よけのヤシの葉を着ること、イニシエーション用の小屋にこもって象徴的な死と再生を体験することからなる。そして、このカンゾーのあいだに入信者がトランス状態に入り、そのときに憑依したロア（神霊）がその人にとってのメット・テット（頭の支配者）となるのだ。[9] ここで登場する神々の種類は、ハイチのヴードゥー、アフロ・キューバのサンテリーア、アフロ・ブラジルのカントンブレやウンバンダなど、西アフリカの遺産を引きつぐカリブ世界の民衆信仰のなかで共通するものが多い。有名なところでいうと、鉄の神オグン、生と死とセックスの神ゲデ、海の神アグウェ、愛の女神エジリ、十字路の神レグバ、農業の神アザカ、先住民の神カボクロ、それにヨーロッパ起源の神々もいる。マヤ・デレンの守護神となったのは、愛の女神エジリ・フレイダであった。恋愛や女性の美しさやセックス・シンボルをつかさどる女神であり、もとは他の神々と一緒に海で暮らしていたが、現在は川岸に棲んでいるという。ブラジルで私の友人Aさんが呪術をおこなうように女性司祭から勧められたのは、この愛の女神エジリに会いにいくためだったのかもしれない。ヴードゥーの祭儀では、エジリに憑依された女性はアクセサリーや香水で自身の身を飾りつけ、男性を挑発するようなダンスをするとされている。

マヤ・デレンは著書『聖なる騎士たち』のイニシエーションについて書いた項で、ロア（神霊）が人間に憑依することの意義についてふかい洞察をしている。それによれば、ハイチのヴードゥー信仰の人たちは、キリスト教のような人間の肉体の復活を信じていない。肉体はかんたんに疲労し、疫病にやられ、食欲やほかの欲望にまみれていて、不滅からはほど遠い制限された存在にすぎないからだ。植物が育ち、それを食べる動物たちがいて、両者を食料とする人間たちがいるという自然の食物連鎖に気がつけば、人間の肉体の永遠性について過剰な幻想を抱くことはできない。あくまでも肉体は物質世界に属するものであり、それは人間の魂か、あるいはロアによって生命を吹きこまれるものなのだ。肉体はそれ自体としては物質にすぎないから、必ずや死がおとずれる。信じることができるのは、魂と神霊のほうである。もしもある人が、知識が足りなくてまちがった生をおくり、呪術や事故や病気などのせいでまちがった死に方をするならば、おそろしいことに死んだ肉体がゾンビになってしまうかもしれない。ゾンビは魂のない死体であり、欲望のままに行動して道徳心や自制心をもたない、まちがった肉体の復活である。[10] ここには、ヴードゥー信仰における魂と肉体の二元論の発生がとらえられている。入信儀礼や祭儀において、ある人がロアに憑依されることは、われを失って狂人になってしまうような、おそろしいできごとなどではまったくないのだ。むしろ、西アフリカから連れてこられた人たちがアフリカ大陸における精神的な遺産を継承しながら、生と死のサイクルを理性的に考察した末に、より良く生き、より良く肉体の死をむかえるべく、家族や子孫やまわりの人たちのために伝えてきた死生観と知恵なのだといえよう。

マヤ・デレンの著作と映画のタイトルになった「Divine Horsemen（聖なる騎士たち）」という言葉は、ヴードゥーの祭儀において神がかりになる人間の頭が、ロア（神霊）が憑依してまたがるための乗りもの、つまり「神の馬」にすぎないというところからきている。神霊が騎士であり、人間の頭は馬なのだ。彼女の記録フィルムにあるように、ある人がアフリカンなパーカッションの複雑なリズムにあわせて体を動かし、踊っているうちに、その人の頭のなかがまっ白になり、そこへロアが降りてくる。マヤ・デレンは自分の経験から、それを「白い闇」と呼んだ。すると、その人は祭儀のあいだはトリックスター、死とセックスの神、海の神、愛の女神、鉄と戦いの神といったキャラクターとして振るまうようになり、そのあいだの記憶はすっかり消えてしまうという。
多くの原始的な宗教やシャーマニズムの祭儀において、神や精霊が召還されるものだが、私はそれが人間に直接降りてくる姿を見たときに、やはり畏怖心をおぼえて涙を流してしまった。しかし、それは心底おそろしい経験であるとか、エキゾティックで奇異な経験だとか、神霊を拝むことができてありがたいといった種類のものではなかった。誤解をおそれずにいえば、街頭などの政治的なデモンストレーションにおいて群衆がひとつになる瞬間や、同じように音楽のコンサートやダンスクラブにおいて人びとが一体になる刹那、あるいは映画館においてすばらしい作品のクライマックスを多くの人たちとともに経験する時間に似ているような気がした。そうはいっても、憑依される人の内面のことまではわからない。ヴードゥーの祭儀においてトランスして、自己を失う忘我状態になることをマヤ・デレンは「複数の私」の経験、つまり鏡や分身のイメージと結びつけて記述しており、それは彼女のアヴァンギャルド映画と地続きのところにあったのだと思う。

ときどき夢のなかでおこるように、そこでわたしは自分自身を見おろしている。踊っている自分の白いスカートのへりが、太鼓のリズムに合わせて揺れるのを喜びとともに眺めている。鏡に向かっているときのように、わたしの表情のなかから、唇がやわらかくおし開かれながら微笑が生まれ、それが輝かしい笑いへと広がっていくのがわかる。いままで見たことのない美しい光景。

わたしはくるりと回転しながら、となりで踊る人物に呼びかけるように言う。「見て、なんて美しいのでしょう！」と。すると、他の人たちが離れたところへ移動し、衆目のなかにある人の輪へもどっていることに気づく。やがて畏怖の電光がわたしを刺し貫くように実感する。わたしが見ているのはもはやわたし自身ではない、ということを。だが、それはやはり自分自身でもあった。なぜなら畏怖の衝撃とともに、大地に根を生やしたかのように思える左足を軸にして、二人のわたしはふたたび一つになるからだ。そして畏怖心だけが残った。「これなのね！」。体重をのせている左足に、大地から麻痺の感覚があがってくる。樹液が木の幹をゆっくりとたっぷり満たすように、それは骨の髄のあたりをのぼってくる。麻痺というのは正確ではない。自分自身に対しても厳密にいえば、それは純粋な瞑想状態だといえる。そうだとしか考えられない。わたしはそれを「白い闇」と呼ぶことにしよう。〔……〕ふたたび私の自己意識が二つにわかれていく。鏡を見るときのように、不可視の敷居をへだてて、わたしが分離していく。[11]

ヴードゥーの祭儀におけるダンスの輪のなかで、マヤ・デレンは自身の映画『午後の網目』において探求した、人間の夢や無意識のイメージの世界を実際に自分の身体で体験しているかのようだ。そしてまた、無意識から神話的なイメージに変遷していった『陸地にて』のように、そこには自身が神的存在と合致することへの欲望が潜伏している。祭儀のなかでトランス状態になり、ロアにまたがられた彼女が経験したのは、一つに統合された「私」が弱体化していき、意識が白い闇におおわれる経験であった。それは大地から身体へとむけて何かがのぼってくる感覚をあたえ、意識の薄明のなかで、鏡や分身の喩でたとえることができるように私が複数化していく。それはつよい悦びをともなった畏怖心をおぼえさせるもので、瞑想のように静かな充実感にみたされたものであった。少なくともマヤ・デレンの言葉によれば、そのようなことになるだろう。

マヤ・デレンの守護神は愛の女神エズリになったが、祭儀の場には複数の神々がおりてきて、非日常としての乱痴気さわぎがおこなわれるのが常である。ハイチへの調査旅行を重ねた人類学者のゾラ・ニール・ハーストンの著書『ヴードゥーの神々』には、人間にまちがって邪悪なロアが乗りうつったり、憑依した神に願いごとを頼んでも拒否されたり、頭に憑依した神霊が儀式の後も数日間離れなかった例などが報告されており、なかなかユーモラスである。降臨したロアはその場にいるえらい人間を罵ったり、女性に卑猥なことをしたりする、人間くさいキャラクターをもった自分たちに近しい存在でもあるのだ。なかにはとり憑かれたふりをして、日頃の鬱憤を晴らしているだけの偽者もいるが、ラム酒と胡椒でつくった飲み物に顔をひたせといえば、偽者は尻ごみするので見わけられるという。ハーストンはヴードゥーを秘儀的な宗教というよりも、カリブ世界のアフリカ的なフォークロア（民俗）としてとらえて、その演劇的な祝祭性を冷静に観察しており、マヤ・デレンが祭儀のなかへみずから没入していった態度とは対照的である。[12]

たしかに「人類学者が来るとき、神々は去ってしまう」のだが、マヤ・デレンは芸術家であり、ヴードゥーの入信儀礼を経ていたから、その祭儀を自由に撮影することができた。アーティストが民族誌家としての役割をはたした例として、マヤ・デレンの記録映像は重要である。彼女が撮った一六ミリフィルムは「ハイチのフィルム・フッテージ（*Haitian Film Footage*）」として残されたが、生前には映画として完成しなかった。テイジ・イトーらが編集した『聖なる騎士たち：ハイチの生きた神々』は、マヤ・デレンが残したフィルムのハイライト部分をつなぎ、そこへ彼女やイトーが現地録音した音楽と、著書『聖なる騎士たち』からの説明をナレーションでかぶせたものだ。この映像人類学のドキュメンタリーは、途方もない刺激にみちている。マヤ・デレンが撮影したフィルムには、一九四〇年代後半から五〇年代のヴードゥーの祭儀が記録されており、歌とダンスによる祝祭的な空気が伝わってくる。鶏やヤギなどの生贄を神へささげ、太鼓にあわせてはげしく踊る黒人がカメラの目前でトランス状態へ入り、手足を痙攣させ、泡を吹いたあとで、ロアが憑依して神霊として振るまう姿がダイレクトに記録されている。

もう一つ、マヤ・デレンの記録フィルムで指摘すべきことは、カメラの立ち位置である。マヤは人びとが集まり、歌い、踊るような場所では、身体を動かさずにはいられないダンサーであった。彼女が構えるカメラは人びとの輪の中央にあり、踊っている人のすぐ横でカメラも揺れ続ける。私たちはマヤ・デレンの映画が夢や無意識のリアリティから、カメラ自体を振り付けるフィルム・ダンスへと変遷するさまを『カメラのための振付けの研究』で考えたが、ここではさらにその手法が拡張されている。ヴードゥーの祭儀のなかで即興的に踊る黒人たちのとなりで、マヤ・デレンのカメラもまた即興的に振り付けられてダンスをしている。これこそが、人間の身体という被写体とカメラのあいだで彼女が創りだした独自の撮影スタイルなのだ。

マヤ・デレンの他にもヴードゥー祭儀の撮影を試みた人たちは数多くいる。しかし彼らがカメラをまわすとき、神々は立ち去るのだ。また彼女のカメラワークは、カメラへの即興的な振り付けであると同時に、彼女が儀式において描いた身体運動の軌跡の記録でもある。いうなれば、彼女はイメージの詩人として、即興的で前衛的なドキュメンタリーの撮影方法をヴードゥーの祭儀における人の輪のなかで試みていた。テイジ・イトーらによる『聖なる騎士たち』の映像人類学的な編集は、決して的外れなものではなかった。それは考えられるかぎり、マヤ・デレンの著書、彼女が撮ったフィルム、彼女が録音した音声に忠実であろうとつとめている。しかし、そのような科学的で学問的なアプローチや通常のドキュメンタリーの方法では、「白い闇」をはじめとする内的な体験が表現できないとマヤ・デレンはどこかの時点で気づいたのだろう。だからこそ、彼女はそれを映画として完成することを断念して、民族誌というかたちで書物に著したのではないか。

1 Maya Deren, *Divine Horsemen : The Living Gods of Haiti*, McPherson & Company, 1983.

2 マヤ・デレン「個人映画と商業映画」飯村昭子訳『フィルムメーカーズ――個人映画のつくり方』金子遊編、アーツアンドクラフツ、二〇一一年、二五頁、一部改訳。

3 『鏡の中のマヤ・デレン』（マルティナ・クドゥラーチェク監督、二〇〇二年、配給：ダゲレオ出版）、映画の音声と字幕をもとに一部改訳。

4 Veve A. Clark, Millicent Hodson, Catrina Neiman, *The Legend of Maya Deren : A Documentary Biography and Collected Works*, Anthology Film Archives, 1984.

5 Maya Deren, "A Letter," *ESSENTIAL DEREN : Collected Writings on Film by Maya Deren*, McPherson & Company, 2005, p. 190–191 を参照。

6 Maya Deren, "Choreography for the Camera," *ESSENTIAL DEREN*, p. 220–224.

7 『鏡の中のマヤ・デレン』、映画の音声と字幕をもとに一部改訳。

8 Joseph Cambell, "Editor's Forward," *Maya Deren, Divine Horsemen*, xiv–xv を拙訳。

9 壇原照和『ヴードゥー大全――アフロ民俗の世界』夏目書房、二〇〇六年、六七–六八頁を参照。

10 Maya Deren, *Divine Horsemen : The Living Gods of Haiti*, p. 41–43 を参照。

11 *Ibid.*, p. 258–259. 和訳は、今福龍太『野性のテクノロジー』（岩波書店、一九九五年）二二二–二二三頁を参照した拙訳。

12 ゾラ・ニール・ハーストン『ヴードゥーの神々――ジャマイカ・ハイチ紀行』常田景子訳、新宿書房、一九九九年。

ツァイ・ミンリャン、時間を描く画家

スロー・シネマのほうへ

ツァイ・ミンリャン（蔡明亮）は三五歳のときに『青春神話』（92）で長篇映画デビューを果たし、二一年間で一〇本の長編劇映画を発表した。カンヌ、ヴェネチア、ベルリンなどの国際映画祭で受賞してきた巨匠だが、二〇一三年の『郊遊 ピクニック』を最後に商業映画からの引退を宣言した。しかし、その後も精力的に映像作品を撮り、『あなたの顔』（18）という実験的なドキュメンタリー作品は日本で劇場公開された。二〇二〇年二月のベルリン国際映画祭コンペティション部門では、最新作で一一作目の長篇劇映画となる『日々 Days』が上映され、その後、東京フィルメックスでも上映された。[1] 商業映画から引退したはずの監督が、次々と新作を発表しているわけだ。これは一体どういうことか？

そもそも、ツァイ・ミンリャンはふつうの映画監督ではなかった。長篇第二作『愛情萬歳』(94)から、脚本を俳優に渡さず、その場面ごとに演出するスタイルをはじめている。ヤン・クイメイ(楊貴媚)のようなプロの俳優は、どんな演技をしていいかわからず、ラストで大泣きする場面になるまで、この映画がどんなふうに完成するのかを想像できなかった、とインタビューで答えている。主役の一人のリー・カンションも自然な演技というより、ほとんど演技らしい演技をすることもなく、自分の生理感覚に従ってカメラの前に存在しているかのようだ。長いカット、ゆったりとしたカメラワーク、観客が没入できるような起伏のある物語をもたない「スロー・シネマ」とすら呼ばれるツァイ映画のスタイルは、この作品で確立されたといえる。わたしたち観客は映画の物語に没入し、登場人物に感情移入するという通常の映画に対する反応の代わりに、そこで何が起きているか、純粋に映像と音声に目と耳を澄ませるしかなくなるのだ。

ジャン=リュック・ゴダールのいい方をかりれば「すべての映画はドキュメンタリー」である。劇映画も、俳優がカメラの前で演じる姿を撮影した記録映像にすぎない。たしかに、わたしたちは日頃から劇映画とドキュメンタリーを、虚構と現実という対立するものを表現する形式だと考えがちである。しかし、この言葉からは、映画の撮影者にとってそのふたつがそれほど大きく隔たったものではないことがわかる。もっといえば、劇映画かドキュメンタリーかという境界線の引き方には、ほとんど意味がない。そう、特にツァイ・ミンリャンのような映画監督にとっては。彼の映画では俳優は演技をしないように、ふだんの自分として振るまうように指導される。いわば「演技をやめた俳優の生を映すドキュメンタリー」なのだ。その作風は、もはや商業映画から遠くはなれて、美術館やギャラリーで上映展示される映像アートに近づいている。

シネマ・ヴェリテとの関係

ツァイ・ミンリャンが『愛情萬歳』以降の映画で試みていることは、ドキュメンタリー映画がシネマ・ヴェリテで成そうとしたことを、正反対の劇映画の側からおこなっているといういい方も可能かもしれない。それは、どういうことか。一九五〇年代のカナダにおいて、映画の撮影と同時に録音ができる技術革新を背景にしてダイレクト・シネマの運動が起き、それに呼応するかたちでフランスでは一九六一年にジャン・ルーシュとエドガール・モランが『ある夏の記録』を完成する。シネマ・ヴェリテの嚆矢となったこの作品は、ドキュメンタリー映画がフレーム内で起きることだけで構成され、フレームの外側で撮影者たちがおこなう行為を不可視にする従来の撮影時の構造に疑問を投げかけた。記録映画といいながら、そこにはすでにさまざまな虚構が入りこんでいると指摘したのだ。

そこでジャン・ルーシュたちは、撮影をどのように進めていくかを話し合う自分たちの姿を撮影して、映画のなかに組みこみ、さらにパリの街頭で人びとに「あなたは幸せですか」とインタビューする場面だけでなく、そのフレーム内にインタビュアーの姿を示すかたちで映画にした。それだけにとどまらず、完成した映画を観た当の登場人物たちの反応と、ルーシュとモランが「この映画は果たして真実を映したのかどうか」と自問自答をくり返す場面を最後に入れている。フランス版のダイレクト・シネマであったシネマ・ヴェリテの映画では、字幕やナレーションといった間接的な要素を排して、同時録音が可能にした現場で起きている映像と音声からなる直接的なイメージを作品にし、撮影行為に含まれるフィクティブな構造を可視化しようとした。「映画を撮る行為」自体を映画内で示すというその特徴は、ヌーヴェル・ヴァーグの作家であったジャン゠リュック・ゴダールらに大きな影響を与えた。

上記のような議論と同様に、劇映画のつくり手たちは多くの場合、物語に登場する人物たちが本当はカメラの前で演じている俳優にすぎない、という真実を度外視して映画を撮っている。あたかもその俳優が実在する人物であるかのように見せることが、リアリティをもった作品の条件であるといわんばかりに。しかし、先ほども指摘したように、ツァイ・ミンリャンの映画に登場するリー・カンションをはじめとする俳優たちは、カメラの前で演技をしないように、ふだんの素の自分であるように監督の指導によってうながされる。ここでは一体、何が起きているのだろうか。これはリアリズムの追求といってもいい姿勢である。もし「すべての映画は、俳優がカメラの前で演じる姿を撮影したドキュメンタリー」であるのなら、ツァイ・ミンリャンの多くの劇映画は「俳優がカメラの前で演じるのを止めたドキュメンタリー」ということになるだろう。

それをひっくり返して考えるために、わたしたちはツァイ・ミンリャンがマレーシアで撮った、ドキュメンタリー的な要素をもった作品について考えてみる必要がある。『マダム・バタフライ』（08）は、通常は短篇の劇映画に分類されている。マレーシアにおいてマレー語で撮影された作品である。ひとりのマレーシア人の中年女性が、彼女の恋人から無視されたせいで、クアラルンプールのバスステーションの喧噪のなかで、家に帰宅するための切符が買えずに右往左往してしまう。それをデジタルヴィデオカメラの特性を活かして、二三分のロングテイクのワンショットで撮っている。

パーリー・チュアという俳優が中年女性を演じているが、ほかのツァイ映画の演出と同じように、実際に映画の物語設定の状況におかれた俳優が、その登場人物として即興的に動いているように見える。注目すべきは、フレーム内に入ってくる俳優以外の人たちがエキストラではなく、偶然にカメラに映りこんだ市井の人たちであることだ。人びとは中年女性が撮影がされていることに驚いてカメラの方を見たり、それに映りこまないように避けたりすることから、観ているわたしたちにもそれが即興的なものだとわかる。『マダム・バタフライ』は、現実のバスステーションのなかに放りこまれた俳優が、彷徨していくさまを記録したドキュメンタリーということもできるだろう。

『マダム・バタフライ』の延長上にある試みといえるのが、ツァイ・ミンリャンが商業映画からの引退を宣言したあとに撮った「行者シリーズ」である。このシリーズは映像アートといってよく、チベットの僧侶のごとき赤い袈裟をまとったリー・カンションが、マルセイユや東京の街中をスローモーションのようにゆっくりと歩く姿を映しだす。『西遊』（14）という映像作品は、レオス・カラックスの映画で知られる俳優ドニ・ラヴァンの顔を撮ったクロースアップと、背後の風景を組みあわせた絵画的なショットで開ける。その顔に刻まれたしわの深さに驚かされてしまう。マルセイユの街頭のあちこちでリーが、暗黒舞踏のような歩くパフォーマンスをするのだが、そこへ同じ動作をするドニ・ラヴァンがフレーム内に入ってきて共演するという趣向であった。『無無眠』（15）は、リーが同様のパフォーマンスを渋谷でおこない、最後に安藤政信とカプセルホテルの風呂で出会うまでを描いた姉妹篇となっている。

「行者シリーズ」では、ゆっくり歩く僧侶の姿が、まわりで忙しなく日常を送るヨーロッパ人や日本人の姿を対比的に浮かびあがらせる。いわば、ひとつのショットのなかに時間の断層が生みだされているのだ。美術におけるハプニングのように、リー・カンションの周囲で人びとが驚いたり避けて通ったりするさまを、ツァイ・ミンリャンはそのまま作品に使っている。劇映画では俳優に演技をさせず、その人がもっている生《なま》な存在感を撮ってきたツァイだが、今度は、カメラの前で演技をする俳優とそれが引き起こす状況のドキュメントを撮っている。このような作品において、虚構と現実はメビウスの輪の上で何度もひっくり返るのだ。

どうしてツァイ・ミンリャンはこのような試みをするのだろうか。それは彼が単なる映画監督ではなく、もはや「時間を描く画家」と呼んだほうがいい存在に近くなっているからだ。人間や動物や植物などの生命体にかぎらず、身のまわりにある無機物やそれらの集合としての風景というものも、時間が経過するとともに刻一刻と変化していく。それ以前の瞬間と同じ姿をしているものは、実はひとつたりとてない。ヘラクレイトスやベルクソンをもちだすまでもなく、それは常識の範囲内でわかることだ。その時間というもの自体を直接的にカメラで撮影することはできない。しかし、映像には人物や物事が変化するさまを見つめることによって、「時間の経過」を表現することはできる。近年の映画が「スロー・シネマ」と呼ばれるツァイ・ミンリャン作品のような、ゆったりとしたロングテイクや、フィックスの長回しといった特徴的なカメラワークをすることの理由は、まさに「時間の経過」を観る者に感じさせるところに核心がある。

ここで思いだしたいのが、『郊遊 ピクニック』のなかでホームレス同然の家族の父を演じたリー・カンションが、岳飛《がくひ》の漢詩「満江紅」を口ずさみ、最後に歌いだす六分の長まわしのショットだ。目を見開き、充血させ、涙をこぼすその顔をツァイ・ミンリャンはクロースアップで延々と撮った。これは「顔」が、ツァイ映画の主役に踊りでた瞬間だろう。「わたしは、映画というのは時間の芸術だとかんがえていますが、彼（リー・カンション）の顔そのものが時間なんですね。彼の顔を撮ることによって、わたしは映画の本質をつかむことができるのです」と監督はいう。[2] その言葉のとおり、二か月かけて集めた台北の一二人の市井の人たちと、リー・カンションの顔を映しだす映画が『あなたの顔』である。中高年の顔のアップばかりを固定カメラで撮った作品で、黙ったままの人がいれば、ハモニカを演奏する人がおり、自身の半生を能弁に物語る人もいる。彼（女）らの仕事、恋愛、結婚についての自分語りに引きこまれるが、映画の大半を占めるのは沈黙して座す人たちの顔をじっと見つめるカメラアイである。

アート・フィルムを研究する立場からすると、ツァイ・ミンリャンは映画監督に飽き足りなくなり、「時間を描く画家」に変貌したのだと思える。彼は、カメラの前で演技をしない俳優や市井の人たちを撮ることで、時間の概念を表現しようとする。人間や動植物といった生命体にかぎらず、身のまわりの物体やそれらが集合した風景も、錆びたり風化したり時間の経過とともに質的に変化する。映画のカメラで、その「時間」そのものを撮影することはできない。しかし、映像には人や物が変化するさまを見つめ、時間の経過を表現することはできる。そのことが、いつしかツァイ映画の表現の核心になったのだろう。そのような地平では、『愛情萬歳』のように劇映画の側からアプローチするのか、『あなたの顔』のようにドキュメンタリーの側からアプローチするのか、その区別にはあまり意味がなくなってくる。いずれの方向からアプローチしようと、もっとも本質的なことは、光と影を使って「時間」という不可視のものを映像で表現することにあるからだ。

哲学者のジル・ドゥルーズによれば、戦前の古典映画は細かくカットをつなぐことで、登場人物のアクションをなめらかに見せる方向へと発展した。それは人物やモノの「動き」を見せる映画だったが、ひとり小津安二郎ばかりが『晩春』(49)の壺、『浮草』(59)の瓶や灯台など動かない静物を長いショットで撮り、時間の経過を観る者に感じさせる映像表現をしていた。戦後のネオ・レアリスモやヌーヴェル・ヴァーグなどの現代映画も、それに続いたという。[3]であるならば、『あなたの顔』の中高年たちの顔は、その退屈さも含めて、観る者が時間というものをありありと感じるための「静物」になっていよう。彼(女)らの顔には、深い皺が年輪として刻まれている。それをじっくり映しだすという、ドキュメンタリーとアートの中間にあるような方法を使うことで、ツァイ・ミンリャンは「時間」という不可視のものを換喩的に表現しているのだ。

わたしが仲間たちとともに英語から翻訳した本に、イギリスの社会人類学者であるティム・インゴルドが書いた『メイキング』がある。[4] 彼の「ものをつくること」についての考え方は、ツァイ・ミンリャンの創作態度と似ているところがある。インゴルドにいわせれば、「ものをつくること」は、自分の頭のなかに描いたデザインを物質＝素材に押しつけることではない。現代建築の世界では、建築家とは建築物を設計した人を指す。しかし、彼は本当にその建物を建てたのだろうか。レンガの壁をつくるにしても、うまくレンガ同士が重なって十分な強度になるように、セメントで間を埋める職人がいなくてはならない。また、つくられた建物も時間が経てば、色褪せたり、壁が剝がれたり、屋根から雨漏りがする。その度に、建物の住人や職人が修繕しなくてはいけない。ひとつの建物も時間が経てば変容する。「時間」と質的な変化を建築の世界に導入するとき、そこには「いったい誰が建築家なのか」という根源的な問いが生まれてくる。

当然のことながら、人間や動物や植物などの生命体は、時間が経てば成長し、やがて年老いていく。「わたし」の髪の毛は伸びて、ヒゲや爪も伸び、肌の表面では細胞が次々に死んでは生まれ変わり、常に変化を起こしている。「わたし」は他の動物の肉や植物を食べて栄養源にすることで、自分の身体を常に新しいものとして生みだし、生きている。「わたし」の身体は一か月前とは物質的に異なるものであり、顔や姿かたちが同一人物であることによって、わたしはわたしであるという確証を得ながら生きていく。それと同じように、絵画や彫刻やオブジェとして作りだされるアートもまた物質であり、時間が経てば変化する。インゴルドは、ものをつくる人とは、素材に自分の頭のなかのデザインを押しつける人ではなく、時間のなかで変化し続ける素材との相互作用において何かを生みだす人だと考える。陶芸家は粘土に自分のデザインを押しつけるのではない。粘土がろくろの上でくるくると回転し、そこに自分の指をそわせることで形を生みだす。

ツァイ・ミンリャンの映画づくりは、まさにこの陶芸家のスタイルに近いのではないか。監督はカメラの前におかれた人間の身体、その顔、家具や建築物や風景を前にして、無理に物語やドラマを押しつけたりはしない。むしろ常に微細に変化しつづける太陽の光、影のかたち、人間の身体がおのずと動いていく動作に寄り添うようにして、時間経過とともに変化しつづける人間の身体と風景の移り変わりを映像に定着する。だからこそ、彼は「時間を描く画家」と呼べるのだ。ツァイ映画は、最初の長篇『青春神話』からして、床が水びたしだった。その後の『河』(97)でも『Hole』(98)でも『黒い瞳のオペラ』(06)でも、水が重要な要素になっている。それは当然のことだ。なぜなら「水」こそが、時間の経過によって常に形を変えるものであるからだ。しかも、水は人間のいうことをまったく聞かない。水は人間の意思にそむいて、勝手にどんどん好きな方向へと流れていく。それも「時間」というものがもつ容赦なさに似ている。そのような水という物質と妥協しながら、何とか生きているのがツァイ映画のなかの登場人物たちであり、水と相互作用しながら映像を編みだしているのが、ツァイ・ミンリャンという人なのではないか。

『あなたの顔』では最後にリー・カンションが登場し、リラックスした面持ちで彼の父親との思い出を語る。この長いショットは、ツァイ映画全体についての一種の種明かしになっている。『青春神話』で少年だった彼の顔は、二六年の月日を経てすっかり中年のそれに変わっている。ツァイ・ミンリャンがリーをずっと撮ってきたのは、作品と作品の垣根を越えて、長年にわたって彼の姿かたちの変化を映画のなかに記録することにあったのではないか、と考えられる。ひとりの俳優というよりは、ひとりの人間である彼が成長し、年をとって変化する姿を撮ることで、時間の経過を映像作品のなかで表現してきたのではないか。そうすることで、長篇一〇本のシリーズを通して「時間」というものを表現してきたのだ。

はたして、このような先鋭的な映像表現は、映画という芸術、映画というメディアに向いているのだろうか。ツァイ・ミンリャンの『Hole』や『楽日』(03)のような劇映画におけるいくつかの場面は、映画館のスクリーンに映し出されるよりも、ギャラリーや美術館で映像インスタレーションとして展示されるのに適しているように見える。たとえば、わたしが『あなたの顔』を劇場で観たときは、美術作品として撮られた映像作品が、あやまって劇場のスクリーンで上映されているような不思議な感覚をおぼえた。俳優の身体や顔を使って、むりに物語やドラマをつくるのではなく、むしろ微妙に移ろいつづける「時《とき》」をイメージに定着すること。ツァイ・ミンリャンという「時間を描く画家」は、『あなたの顔』まで撮りつづけてきて、そんな映画という枠におさまらない領域にまできてしまったのだろうか。いや、それはちがう。彼はアートに近づくことで、外側から映画に新しい息を吹きこんでいるのであり、ここにあるのがアート・フィルムの未来の姿なのだ、とわたしなどは信じたくなるのだ。

1 「ベルリン国際映画祭、台湾のツァイ・ミンリャン監督が3度目のノミネート」TAIWAN TODAY（https://jp.taiwantoday.tw/news.php?unit=148,149,150,151,152&post=170107）。

2 宇田川幸洋「最初と最後をつなぐ糸」『ツァイ・ミンリャン初期三部作＋引退作『郊遊〈ピクニック〉』ブルーレイBOX』リーフレット、二〇一五年、一〇頁。

3 ジル・ドゥルーズ『シネマ2＊時間イメージ』宇野邦一ほか訳、法政大学出版局、二〇〇六年。

4 ティム・インゴルド『メイキング——人類学・考古学・芸術・建築』金子遊・水野友美子・小林耕二訳、左右社、二〇一七年。

アピチャッポンと東北の森

アピチャッポンの森に分け入る

タイの三月は初夏の陽気で、三五度を超えていた。バンコクをでた東北本線の列車が東北《イサーン》タイに入ると、車窓の外は田舎の原風景になってくる。乾季で草木があまり生えず、赤土の大地がむきだしになっている。大きな角をもった水牛が草を食む姿が見られ、それを牧夫がゆっくりと追っていく。イサーンは過去に何度も飢饉にみまわれたタイでも特に貧しい地域で、独自の方言をもち、その言葉はラオ語に近いといわれる。バンコクに出稼ぎにでる人も多いが、肉体労働や水商売などに従事する貧困層になることが多く、東北出身者に対する蔑視も根強くある。

夕方、イサーンの中心的な都市コーンケンに到着して古びた駅をでた。暑すぎるせいか市場は閉まっていて、トゥクトゥクの運転手たちも後部座席で昼寝している。ここにやってきたのは、タイの映画監督アピチャッポン・ウィーラセタクンの出身地だからだ。彼はカンヌ国際映画祭の最高賞を受賞した『ブンミおじさんの森』（10）や『光りの墓』（15）などの映画で知られている。前者は、前世の記憶をもつブンミという男が死を前にして、幽霊《ピー》になった妻や猿の妖怪に姿を変えた息子と交流するさまを描く。後者では、眠り病にかかった兵士たちを看病するジェンという女性が、シャーマンや土地の精霊と出会いながら、ひとりの兵士を癒し、自身も癒されていくという物語だ。どちらも東北タイの民話や民間信仰をベースにした怪奇譚である。わたしは二〇一六年の共編著『アピチャッポン・ウィーラセタクン』の刊行前後から、監督本人にロケ地を聞いて訪ねるフィールドワークを重ねていた。

　コーンケン市の街なかにある湖、ブンケーンナコンにいった。『光りの墓』の後半における多くのシーンが撮られた公園である。ジェンは夢のなかで兵士の生霊と散歩したり、目に見えない王宮を歩いたりする。湖は市民の憩いの場になっていた。湖のほとりに「メコン河の二人の王女《チャオ・メー・ソーン・ナーン》」という民間信仰の祠もあった。『光りの墓』に登場するラオスの王女たちを祀っている聖地だ。映画では、ジェンとその夫がここをお参りしたあと、彼女は神像から顕現した実際の王女たちに会い、兵士の眠り病の原因が「この土地の地底で相争う王の霊魂たちが、兵士たちの精気を吸って戦争を続けているからだ」と教わる。その後、わたしがラオスと国境を接する町ノーンカーイにいったときに、偶然にメコン河の土手で同じ王女たちの祠を発見した。こちらが本元のようで、せまい境内には参拝客がたえず、黄金色の藤の花や線香が供えられていた。

そこから、わたしは東北タイの歴史という森に潜行していった。一四世紀半ば、ファーグム王はクメール王の王女をめとり、ラオス各地と東北タイの一部を勢力下におさめてラーンサーン王国を建国した。「メコン河の二人の王女」の祠には、その娘であるピンパー王女とロムパーマー王女が祀られている。王女たちは戦乱のときにメコン河をわたってタイ側に逃れようとしたが、舟が沈没して亡くなった。後年、人びとから渡し舟の安全をつかさどる神として崇められるようになった。この伝承からもわかるように、東北タイにはラオスやカンボジア（クメール）の文化的要素が入りこみ、外来の仏教やヒンドゥー教のほかにピー信仰と呼ばれる精霊信仰《アニミズム》がしっかりと根づいている。アピチャッポンの『光りの墓』はこうした民話をベースにして新しい物語を創造しており、その方法は現代文学とも響きあうものだ。地元の人が『光りの墓』の映画を見れば土地の歴史をリアルに感じることができるのだろうが、残念なことに、タイの軍事政権の検閲によっていまだ国内での上映が禁じられている。

わたしが『ブンミおじさんの森』という映画を観て、ときどきふしぎに思うのは、精霊や妖怪と隣りあわせに暮らす東北タイ人のあり方だけではない。ブンミが前世の記憶を保ち、かつて森に逃げこんだ共産主義者たちを兵士として殺したカルマを抱える仏教的な死生観をもちながら、同時に幽霊や森の精霊と交渉するアニミズムの世界に生きているからだ。それを理解するには、アピチャッポンの森の奥深くにわけ入っていくしかない。

東北タイの町ウドンタニーを抜けると、年に二回稲穂をつける水田がしばらくつづいた。乾季の東北タイの森は熱帯雨林の密林というより、下草や薮や樹木をバランスよくもつ日本の森林に似ている。後日、少数民族の調査に入ったナーン県やラオスの森では、なじみ深い竹林にもよく出会ったものだ。車は水田、森、赤土の見える乾いた畑地を抜けていき、バチエンダという小さな村に着いた。

アピチャッポンはあるとき、東北タイの寺院に住む僧侶から「前世を覚えている男」という本をもらった。複数の人生を生きたブンミという男についてその僧侶が書いた本で、それを手がかりにアピチャッポンは彼の足跡をたどる旅をして『ブンミおじさんの森』の構想を練った。東北の村には、大抵そのように呪術や霊的な現象をつかさどる僧侶がいて「モータム」と呼ばれている。

わたしが出会った呪術師は、バチエンダ村の奥にある「森の寺院《ワット・パー》」にひとりで暮らしていた。サン・チャートナムという名の八五歳の僧侶で、以前は妻子のいた平凡な男だった。ラオ系の妻は体が弱くて、モーラム・ピーファーという歌と踊りからなる民間療法の虜になり、儀礼のなかで健康を守ってくれる天上霊を自分に憑依させた。ところが、それが悪霊だったことが判明し、妻はひどく苦しんで気がふれた。チャートナムは年長の呪術師に教えを乞い、何年もかけてその方法を学び、自身がモータムになって妻を治療した。その後、娘がピーポープという内臓を喰らう妖怪に憑依されたこともあったが、これまで一〇〇人以上の村人を癒してきた。いまは僧侶として寺院で仏法《タム》を守り、日々をすごしている。

ブンミおじさんのように、この呪術師のなかでは、仏教的な世界と悪霊たちの跋扈するアニミズムの世界がひとつになっている。病気やケガをしたり精神を病んだり、人間はとても弱い存在なので、善霊や守護神に保護してもらう必要がある。チャートナムの場合は僧侶になって仏法を実践し、さらに民間的な呪術を学ぶことで家族や自身を守ってきた。別れぎわに寺院のまえで手を振る彼の姿を見ながら、アピチャッポンの森の先に、東北タイのフォークロアという広大な森が広がっていることをわたしは実感した。

世界中に点在する「東北」

どのような国家や地域であっても「東北」をもっているように、それがどこの誰であっても、わたしたちは内なる「東北」をもっている。それは、ただ単に中央からながめられたときに、地理的な周縁ということを意味するのではない。その場所で、わたしたちは目に見えない存在へと想像力をはたらかせ、さまざまな霊的な接触をおこなう。そこは実在する場所というよりも、魂の所業をつかさどる場としてあるのだ。いってみれば、「東北」というものは、わたしたち個々人の存在を超えた種がかつてやってきた故里なのであり、死してのちに還っていく地をふくむ根の国なのかもしれない。

アピチャッポン・ウィーラセタクンが監督した『光りの墓』に登場する、ピー信仰の祠の祭壇を見たとき、わたしにはピンとくるものがあった。これはアピチャッポンが育ったタイ東北部であるイサーンの都市、コーンケンの公園にある王女を撮影したものだ。同じ祠がノーンカーイのメコン河に面する土手の上にもあって、むかし戦乱を逃れて現在のタイ側に渡ろうとしたラオスの二人の王女が、舟もろともメコン河に沈んでしまったという歴史的な伝説がある。祠はその二人の王女を祀ったもので、いまではメコン河における舟の安全の神さまとされている。タイには仏教でもヒンドゥー教でも、こうした民間信仰の精霊がいろいろな場所で祀られている。

『光りの墓』のなかでは、お堂に飾ってあるふたりの王女の像から精霊が顕現して、主人公の女性ジェンと対話する。そのシーンを見て、わたしが想起したのは、ふしぎなことにタイの東北部であるイサーンのできごとではなく、ブラジルの東北部である「セルタン」のことだった。その後しばらくしてから、アピチャッポンのインタビューを読んで、その唐突に思われたひらめきが確信に変わることになった。彼はイサーンのコーンケンという町で少年時代の一五年間をすごしているが、その町を舞台にした『光りの墓』(タイ語題では『コーンケンへの愛』)に関して、次のような発言をしていたからだ。

イサーンは、かつてカンボジアとラオスという異なる帝国から成り立っていて、それは、バンコクが東北部の権限を掌握し、統一化（またはタイ化）するまで続いていました。僕の家族は、僕が生まれる数年前にバンコクからイサーンに移りました。イサーンは、乾燥地域で、（バンコクがある）中央平原のように恵まれた場所ではありません。しかし、僕にとっては、クメールのアニミズムを伝える、とてもカラフルな場所です。イサーンの人々は、日常生活に生きているだけでなく、スピリチュアルな世界にも生きています。そこでは、単純な事柄が魔法になるのです。[1]

「東北」というトポスが特権的な場をになうという問題は、なにもタイに限られたことではない。ブラジルの国土の約半分を占めるアマゾンの熱帯雨林は有名だが、北東部に広がるセルタン（奥地）については意外と知られていない。ピアウイー、セアラ、パライーバ、ベルナンブッコ、アラゴアス、バイーアといった州の内陸部には、降雨量が少なく、旱魃や飢饉が起こりやすい乾燥した荒地が広がっている。きびしい条件のなかで農業や牧畜が細々と営まれ、商業的にうるおう沿岸部に比べて観光産業も低迷し、ブラジル国内でも特に貧しい地域である。また、セルタンから都会へ出ていって、その多くがファヴェーラ（スラム街）の住人となるケースが多いということもある。

一九五〇年代から六〇年代にかけて活発化したブラジル映画のシネマ・ノーヴォでは、ネルソン・ペレイラ・ドス・サントスが『乾いた人生』（63）、グラウベル・ローシャが『バラベント』（62）や『黒い神と白い悪魔』（64）や『アントニオ・ダス・モルテス』（69）を、ブラジルの北東部の文化、信仰、料理、口承文学、歴史などをインスピレーション源にして映画を撮った。東北のセルタンは極度に不毛の土地で、その乾いた大地で暮らす農民たちは、独特のメシアニスモ（救世主信仰）や口承文学をもっている。また、バイーアでは黒人奴隷の末裔たちによる西アフリカ起源の憑依宗教とインディオの宗教やカトリックが習合して、カンドンブレやウンバンダと呼ばれる民間信仰が生まれており、その東北的なフォークロアがブラジルらしさとして映画作家たちに再発見されたのだ。

また、日本列島においても東北は、国土の統一をはかろうとした朝廷や幕府の前に、何度も蝦夷などの異族が住む未踏の地として立ちはだかることになった。歴史的に大地震や津波の被害をくり返し受け、農民たちが冷害や飢饉に悩まされてきた土地でもある。その過酷な自然環境と風土のうえにこそ、恐山や出羽三山のような霊山への信仰があり、『遠野物語』のような豊かな口承文学における精霊や妖怪たちの存在がある。口寄せをするイタコだけではなく、民間のなかにもオシラサマ信仰が広まり、神に憑かれた普通の家の主婦が、ある日突然旅に出て、お布施をもらいながら占いをして歩く「歩き巫女」という風習も見られた。そのような中央とは異質な「東北」のフォークロアが世界中に点在していて、平地人を戦慄せしめるような世界観を提示しつづけてきたのである。

『光りの墓』のなかに、主人公の女性ジェンが、眠りからさめた兵士イットと話をしていて、彼がイサーン語を使えることに驚くシーンがある。イサーン語は方言というよりは、隣国であるラオスの言葉に近いといわれる。一二世紀には、いまのカンボジアに住むクメール人がクメール王朝（アンコール王朝）を拡張して、インドシナ半島全域を支配下においた。タイの東北部も長いあいだ領有されていた。イサーンには現在でも多くのクメール系が住んでいるという点で、ほかのタイの地域と異なっているという。アピチャッポンの発言を真に受ければ、イサーンという土地がもっている物語の喚起力を、その土地に残存するクメールの伝奇的な力に求めてみるのも、あながち見当はずれではない。

カンボジアの古い民話に「ラタセーナ」がある。子どものいなかった長者が、仏さまに一二本のバナナをそなえてお祈りをしたら、娘ばかり一二人もさずかった。この娘たちは家の仕事も手伝わず、ぜいたくばかりするので、怒った長者は「森」へ連れていって、そこへおいてきてしまう。一二人姉妹は森をさまようちに、女夜叉のサンダマーラに拾われて妹分として養ってもらうことになる。ところがある日、サンダマーラが人肉を食べているのを見て逃げだす。クダーガーラ国まで逃げて菩提樹に隠れていると、その国の王に見そめられて一二人とも王の妃にしてもらうことなる。それを知った女夜叉のサンダマーラは天女に姿を変えて、自分も菩提樹の枝のうえに座った。すると、王がきて彼女がさらに美しいので第一王妃にむかえることになる。第一王妃のサンダマーラは、王が自分を愛しているのをいいことに、病気になったふりをして「一二人の王妃たちの目をくり抜けば私の病気は治ります」という。王はその通りにして、一二人の娘たちを洞窟に閉じこめたが、末の妹の片目だけは助かった。[2]

長者が一二人の娘を置きざりにするのも「森」というかジャングルであるし、精霊や妖怪が登場してくるのも、やはりこの森の空間においてである。この「ラタセーナ」の物語に「飢餓」と「食人」のテーマが出てくる、次の場面はとても興味ぶかい。

この時王妃は一二人とも妊娠していた。王妃たちは空腹に耐えられず、一番上の姉が子を産むと、皆で食べてしまった。次の姉が出産するとその子も食べてしまった。こうして一一人の子は食べてしまったが、末の妹の子だけは、片目だけが見える母親が隠したので食べられずに育ち、名をラタセーナと言った。

ラタセーナは母と叔母達の状況を憂え、「母達の飢えを救うために、この洞窟の外に出るための衣服を与え給え。」と神に祈った。[3]

物語のつづきは、王と末の妹の子であるラタセーナの貴種流離譚となっている。このあと、彼は王に自分の子として認められて、女夜叉に何度も命をねらわれる。だが、ラタセーナは旅に出て多くを経験し、悪鬼は退治され、帰還して見事に王様になるというお話である。このクメール人の民話は、リー・ブン・イム監督によって一九六八年に『12人姉妹』として映画化されて、大ヒットしている。『12人姉妹』は民話の内容をかなり忠実に映像化している。ジョルジュ・メリエスに影響を受けたという特殊撮影を駆使し、女夜叉が、妖怪と美しい女性のあいだで変化する超現実的なシーンや、その残酷な所業、主人公ラタセーナの旅と別の国の王女との恋物語を空想的に描いている。

カンボジアでは一九六〇年代後半に内戦が勃発し、ポル・ポト派のクメール・ルージュによる国家体制が一九七九年に崩壊するまで、共産主義社会のなかで大量殺戮と飢餓によって数百万人が命を失ったといわれている。民話のなかの「飢餓」のテーマは、現実と無関係ではまったくないのだ。そして、この内戦でカンボジア映画の黄金期につくられたフィルムの多くが散逸してしまい、長らく『12人姉妹』のフィルムも失われていたが、近年になって発見されて見られるようになった稀少な作品なのだ。重要なことは、女夜叉のような悪鬼が、天女に化けて王妃になったり、ラタセーナが神さまから衣服を与えられたり、神々や精霊のような超越的な存在が、とても身近で人間味のある存在として、王族や人間たちの居住空間に同居していることである。これはだいぶ仏教の影響を受けているのだろうが、森羅万象に精霊が宿るアニミズムの宇宙観に近いものだ。

わたしたちはどうしても地理的に、メコン河をはさんでベトナム、ラオス、カンボジアが旧フランス領インドシナ、対岸はタイ王国という近代的な区分で考えがちである。しかし、アピチャッポンが「イサーンは、かつてカンボジアとラオスという異なる帝国から成り立って」いたというように、その地は長らくクメール王朝に領有されていた。むしろタイの東北部の人たちの心の底に、平地のアユタヤーやシャム王国の文化よりも、クメール民話の世界が色濃く残っていてもおかしくない。そして、それはイサーンに土着の民間信仰や民話と混ざりあって、豊かな物語的な想像力の土壌をつくっているのだ。そのあたりを、アピチャッポンの作家的な歩みを見ながら掘りさげてみたい。

アピチャッポンの個人映画

二〇一三年にアピチャッポン・ウィーラセタクンが「東京フィルメックス」の講師として来日したときに、わたしは立ち話をしたことがある。タイの言葉は、日本語話者であるわたしたちが聞くと、とても音の響きがやさしく聴こえる。そのこと以上に、アピチャッポン自身がとても物腰のやわらかな、ちょっと人見知りのする感じの繊細な人物だという印象を受けた。いわゆる「映画監督」という、現場で多くのスタッフやキャストを指揮する人物のイメージからかけ離れている感じだった。物書きでも映画作家でも単に作品で知っているというだけでなく、直接会ってみることは大切で、それによってわかってくることも多い。

このことは、彼のアーティストとしてのキャリアを見てもわかる。アピチャッポンは一九七〇年生まれだが、九三年に留学生として、アメリカのシカゴ美術学校というシカゴ美術館付属の学校に留学して、そこで四年をすごしている。そのときの先生のひとりにダニエル・アインバーグという人がいて、彼は映像アートをつくる映像作家である。『アピチャッポン・ウィーセタクン』という英語の書物のなかで、アインバーグがこんなエピソードを紹介している。学生時代のアピチャッポンにいろいろ実験映画を見せたら、マヤ・デレン、ジョナス・メカス、スタン・ブラッケージ、アンディ・ウォーホルの映画や話題に反応していたという。それらの実験映画と出会い、シャイな性格であったアピチャッポンは、個人で映画をつくることを決意したのだ。[4]

アピチャッポンが大学からもらった製作費を使って一六ミリフィルムで制作したのが、処女作の『弾丸』(93)や『ダイヤル011-6643-225059をまわせ!』(94)といった短篇の実験映画である。『弾丸』は、一九二〇年と二一年にシカゴで撮られたニュースフィルムを持ってきて、それをオプティカル・プリンターで再撮影した作品だ。ニュースフィルムの一部を最大限に拡大して、それが具体物ではなく抽象的な模様になるようにしている。さらに動きをだすために、再撮影のときにカメラをスライドして移動してみせる。後半になると映像が複雑に展開してきて、多重露光を使ったり、フィルムの乳剤面をひっかいたり、直接ペインティングをしてみたりと工夫された作品になっている。フランスでいえば、イジドール・イズーやモーリス・ルメートルといったレトリスム映画の作家たちがおこなった「切り刻み」の手法やディスクレパン映画に似ている。アメリカの実験映画でいえば、スタン・ブラッケージらのペインティッド・フィルムに似た手法も使われている。しかし、一九九三年の時点で『弾丸』が広く上映されたとしても、観る人にあまり大きなインパクトを与えることはなかったのではないか。昔ながらの実験映画における伝統的な手法を使い、よく完成された作品をつくったという程度の評価しか受けることはできなかっただろう。

『ダイヤル 011-6643-225059 をまわせ!』のタイトルになっているのは、タイのコーンケンで母が暮らす実家の電話番号である。こちらもモノクロームの一六ミリフィルムを使った実験映画だが、『弾丸』よりも見応えがある。アピチャッポンのアメリカ留学先のアパートの部屋の映像と、タイにいる母の写真がカットバックされて、そこに母が延々と話す声がかぶさる。そのうちに、母の声が段々とノイズまじりになって、最後にはヒップホップにおけるスクラッチの手法のように、ノイズ音がリズミカルに刻まれる。このような方法は六〇年代や七〇年代の実験映画にはあまり見られず、九〇年代のアピチャッポンならではのものではないか。また、ここにはすでに『ブリスフリー・ユアーズ』(02)や『トロピカル・マラディ』(04)、『世紀の光』(06)といった彼の長篇映画で見られるような、まったく別の二つの映像的な要素を並列的に示すという試みがなされている。

アピチャッポンがただ単に若い頃に実験映画をかじって、そこからドキュメンタリーや劇映画の方向へ進んだ映画作家であると指摘するだけでは、なにか大事なものが抜けてしまう。なぜなら、彼はその後も一貫して実験的な映像やヴィデオアートを撮りつづけているからだ。たとえば、二〇一二年の『ASHES』は、LomoKino MUBIという三五ミリフィルムのトイカメラを使った作品である。フィルム文化が廃れようとしているこのご時勢にあって、手回しのクランクで、フィルムを回転させて撮影するカメラである。シネスコよりも、さらに横に長いフレームサイズを使っているところも興味深い。

『ASHES』は、キングコングという名前のアピチャッポンの飼い犬との散歩風景を撮っている。『キングコング』はアピチャッポンが子どもの頃に夢中になった映画でもある。彼が撮ったフィルム映像が途中で上下に二分割されたり、多重露光で重ねあわされたりと遊び心に満ちている。映像をよく見ると、映写機の回転によって微妙に振動しているので、多重露光はデジタル編集の段階で重ねているのではなく、スクリーン上に何台もの映写機で同時に投影してそれを再撮影しているか、あるいは撮影するときにカメラ内で重ねているか、またはその両方をやっているように見える。また、フィルムで撮影し、それを現像して、森のなかでピクニックをしながら、スクリーンを張って撮影したものを投影するという「プロジェクトとしての映画」の全体を記録する側面ももっている。

わたしはバンコクから二五キロほど離れた郊外の町サラヤにある、タイ国立映画アーカイヴを訪問したことがある。設立者のドーム・スックウォンさんとディレクターのチャリダ・ウアバムルンジットさんに面会し、アーカイヴ内の施設を見学するためだった。おもしろいことに、一九五〇年代から六〇年代に活躍して海外でも評価の高かったタイの映画監督ラット・ペスタニーと、すでにアピチャッポン・ウィーラセタクン監督のセクションには大きなスペースがさかれていて、現地ではこの二人が歴史的にみてもタイ映画を代表する映画作家となっていることがわかった。ところが、いまの政権の検閲下では、アピチャッポンの『光りの墓』は一般公開がむずかしいというねじれた状況にある。

映画アーカイヴの博物館に展示された、アピチャッポンが『真昼の不思議な物体』(00)で使用した一六ミリフィルムのカメラや、『トロピカル・マラディ』で撮影した虎の絵画の実物を見ると、少しちがった角度から彼の映画が見えてきた。特に『ブンミおじさんの森』で使用された猿の精霊の着ぐるみには感心した。それが精巧にできているからではなく、むしろその反対に、まるでその辺りのディスカウントストアで売っているコスプレ商品のように安っぽい素材でつくられていたからだ［図1］。このことは、アピチャッポンの映画を考察するうえで、わたしに二つのヒントを与えてくれた。一つは、彼が妖怪や精霊のような超自然の存在に対して、フィギュアや玩具に対するような即物的で現代アートに近いアプローチでのぞんでいること。もう一つは、アピチャッポンが撮影の対象となるものを映画のなかではっきり見せないことで、その周囲に謎めいた雰囲気をかもしだすことにいかに巧みであるかということである。

それで思いだすのは、『ブンミおじさんの森』の後半部分で、この猿の着ぐるみに対して兵士が首をひもで縛ったり、少年たちが石を投げつけたり、着ぐるみのファスナー付きの胸部を見せて兵士たちと記念写真をとっている光景が、スチル写真で挿入されていたことだ。アピチャッポンはそれまで非常に謎めいた撮り方をしていたのに、一方であっけらかんとその手の内を明かしてしまうのは、どういうことなのか。

『ブンミおじさんの森』という長篇映画も、短篇映画、映像イスタレーション、写真集などの製作を含む「プリミティブ」と呼ばれるプロジェクトのひとつにすぎない。アピチャッポンはかつて共産主義者の虐殺がおこなわれたタイ東北部のナブア村に入り、そこで映画を撮影するだけでなく、地元

図1　タイ国立映画アーカイヴに展示された猿の精霊（撮影筆者）

の少年たちとコラボレーションをして、さまざまな作品をつくっていった。その過程で撮られた写真も、そのプロジェクトにおける成果物である。いわば『ブンミおじさんの森』をつくる過程におけるメイキングの部分が、写真という形式ではあるにせよ、本編の内部に入れ子状に組みこまれているのである。

これはその後の『メコンホテル』(12)という中篇映画に使われた手法と似ている。この映画には、それまでの映画で考えられたこともなかった先鋭的な手法が使われている。もちろん、この映画はどのように見られることも許容し、観客が想像するための余白がたくさんある映画である。だが、野暮を承知で解釈すると、『メコンホテル』には何の説明もなく、映画内映画としての劇映画とそのメイキング・ドキュメンタリー、そして俳優たちが立ち話をしたり、インタビューされたりしているシーン、また映画の背景音楽を収録するシーンが混在しているのだ。

ラオスと東北タイ(イサーン)の国境を流れる、悠々たる大河メコンが、この作品の背景である。河のかたわらに人気のないホテルがあり、今そこで撮影隊が何か映画のリハーサルのようなことを行なっている。だが、本気になって映画を撮ろうとしているのかはわからない。誰もがひどくのんびりとしていて、河を見下ろす広々としたバルコニーや通路で無駄にお喋りをしたり、ギターの音合わせをしているだけのように見えるからだ。フィルムはこのリハーサル光景と、そこで演じられた物語とを交互に、というより意図的に混ぜ合わせる形で展開してゆく。[5]

この映画の撮影地は、タイ東北部のノーンカーイである。ラオスでは一九七五年にいたるまで、王家を中心とした中立派、軍事クーデターをおこした右派、そして左派の三派によって内戦がつづいた。ノーンカーイからメコン河の国境をはさんで、ラオス側のヴィエンチャンから多くの難民が押し寄せてきた歴史が、この映画の俳優であるジェンジラー・ポンパットの語りで開示される。

ホテルのバルコニーに少年がいて、このあいだ飼い犬をピーバップに食い殺されたと語っている。ピーバップは人間の生肝を貪り食う妖怪で、見つけ次第、土壺に入れて封印しなくちゃいけない。少年はこの話を、どこかからやってきた、まだよく知らない少女にむかって話している。〔……〕少女は母親といっしょにホテルに滞在している。ラオス生まれの母親は、子供のころから銃をもたされ、国家の裏切り者を処刑する手伝いをさせられてきた。ライフル銃は撃ったときの反動がすごくてねと、彼女は娘に笑いながら思い出を語る。ラオスからタイへ難民として渡り、バンコクに流れた。知り合いには、ラオスでとてもひどい目にあった人もいた。

あるときホテルの一室で、母親は少女にむかって涙ながらに語る。自分はピーバップとして蛮行を続けてきたと告白する。こんな人生を歩んでしまったことは、憎んでも憎み足りない。「ママ、土壺に戻ってなくちゃ、だめじゃないの」と娘がいうと、母親は「壺は割れちゃったのさ」と答える。別の場面では、母親は口の周囲を血だらけにし、死んだように寝台に横たわる娘の内臓を貪り食っている。[6]

上記は『メコンホテル』という取りつくしまのない映画を、見事に言語化している文章である。四方田犬彦がここで指摘するのは、イサーンの伝説とタイの大衆的な怪奇映画をベースにしている『メコンホテル』を、日本の観客が見るには、それなりに現地のローカル映画に知悉している必要があるということだ。つまり、この映画は東南アジアの文化について観る者の教養を試してくるところがあり、タイ国外の多くの観客が「わからない」とさじを投げる一方で、「わからないからこそ、わかりたい」とイサーンにおける民間信仰や伝承にふかく分け入りたいと思わせ、タイの怪奇映画を見て勉強したいと駆り立てさせるところがある。

そこにもう一つ、つけ加えたいことがある。『ブンミおじさんの森』という長篇映画は、そのメイキングや派生した短篇作品などが全体として「プリミティブ」というプロジェクトを形成していた。それに対して『メコンホテル』では、シングルスクリーンのたった一本の中篇映画のなかに、そのようなプロジェクト全体を包含しているのだ。そこではピーバップをめぐる少年、少女、母によるフィクション映画が進行する一方で、映画の撮影隊、素顔の俳優たち、監督と背景音楽の収録シーンなどが示される。それは映画内映画があるというだけではない。プロジェクト全体が一本の映画のなかで示されており、その一部分として劇映画パートも存在しているのである。かつてアピチャッポンは『ブリスフリー・ユアーズ』『トロピカル・マラディ』『世紀の光』のことを、観客が映画を想像のなかで完成させるために、自分は土台の部分だけを提示する「プラットフォームとしての映画」だと説明した。それと比較するならば、『ブンミおじさんの森』から『メコンホテル』にかけては、作家がロケ地へ入ってさまざまに撮影する行為自体を包含した「プロジェクトとしての映画」へと移行していったのではないか。このことは、いうまでもなく、映画の制度を揺さぶるラディカルな創造を意味している。その根本には、映像言語を個人映画やアートの視点から刷新していくアピチャッポンならではの視点があるのだろう。

「東北」へのアプローチ

そのような創作論の文脈で考察を重ねていると、『光りの墓』という長篇映画はむしろやや保守的なつくりに見えてしまうかもしれない。表面的には、アピチャッポンがふたたび破綻のない一本の劇映画に取り組んでいるかのように見える。だがしかし、つねに映画をつくることの制度に疑問を投げかけ、それを撹乱し、わたしたちが映画を観る体験の制度性にもゆさぶりをかけてくるアピチャッポンの姿勢は変わらない。制度への揺さぶりを映画の物語に内在化させたというだけで、よく見てみれば、映画のなかにさまざまな試行を確認することができる。『光りの墓』の「あらすじ」に次のような箇所がある。

ジェンはいつもお参りする湖のそばのお堂で、そこに祀られた王女様の像に祈った。新しい息子のイットが健康でいられますように。ある日、ジェンは若く美しい2人の女性に出会う。彼女たちはお堂の王女様で、その話によると、このあたりでは、何千年も昔、王国の間で戦があり、病院がある場所は王様たちの墓がある所。王様たちの魂が兵士の生気を吸い取って、今も戦を続けている。だから兵士たちは眠っているのだと言う。[7]

わたしがタイ東北部のピー信仰の祭壇と、ブラジルの北東部に特徴的なカンドンブレやウンバンダの祭壇に、地球の底でつながっているような共通性を見たのは、なにもそれが同じアニミスティックな精霊信仰だからという理由だけではない。あるいは、そこで祀られている神霊たちの姿が、熱帯に特有のカラフルな色彩でイメージされており、多くの神様がキャラクターのようにして性格づけられ、物語が設定されているからだけでもない。カンドンブレは西アフリカのヨルバ系の土着宗教に源を発しながら、奴隷貿易とともにラテンアメリカへ入ってきてインディオの信仰と結びつき、さらにはヨーロッパ人植民者のカソリックを取りこんで、習合に習合を重ねて現在のようなかたちへと発展していった。つまり、それは「食人」をするように、外からきたものや他者をみずからのうちにエネルギーとして蓄えることで、肥え太っていくことができるものなのだ。

それは八百万《やおよろず》の神々ではないが、アニミスティックな民間信仰が現代まで生き残るうえでは欠かせないプロセスでもある。タイのどこへ行っても、たとえばバンコクの街を歩いているだけでも、ホテルや会社の敷地に、ビルの屋上に、家のなかに、デパートの前に、あらゆるところにピー信仰のお堂や祠を見ることができる。そして人びとが『光りの墓』のジェンさんのように、手をあわせてお祈りをして線香や食べ物をお供えする熱心な姿を見ることができる。そこで祀られている神々はバラモン教、ヒンドゥー教、仏教、さまざまな王族、土着の精霊や妖怪など、まったく雑多といっていい多種多様な神的存在が崇拝の対象となっているのだ。

太平洋戦争のさなかに日本軍が当時のビルマを目ざして進軍していたときには、タイ王国の指導者や人びとは歓迎するようなふりをして出迎えて、早く通りすぎるようにとうまく誘導したといわれる。そして日本が敗戦すると、自分たちは協力したわけではないと主張し、連合国側にそれが認められることになった。いわゆる政治的な駆け引きにおけるダブル・スタンダードであるが、タイの人たちは小さな王国として、中国やインドといった文化圏から大きな影響を受け、インドシナ半島のなかでは多くの王国が戦争をつづけ、ヨーロッパ各国による植民地支配の脅威を受けつづけてきた歴史をもつ。そのなかで、他者を受け入れるとともに、それを自分たちのものにしてしまう「物腰のやわらかなしたたかさ」を身につけてきたのではないか。

それは神的で超越的な次元においても同じことであり、ピー信仰にさまざまな外来の神々が祀られているところに、その特色を見ることができよう。また、ちょうどクメール民話の「ラタセーナ」の王族や、『光りの墓』のなかでジェンがお祈りするラオスの王女様たちのように、王族や高貴な人びとも神や精霊となれば力をもち、信仰の対象に加えられる。『光りの墓』では、兵士たちの眠り病の原因となっている超越的な次元での王様たちの戦いは、「何千年も昔、王国の間で戦があり」という抽象的な設定になっている。わたしたちは、そこにいろいろな歴史的事象や叙事を付加して解釈していいわけだが、たとえば、そこに『12人姉妹』のもとになった「ラタセーナ」のようなクメール民話を重ね合わせてもいいのだろう。ジェンと少女に憑依したイットが歩く「目に見えない王宮」を、クメール王朝の王宮として頭に思い浮かべても良い。

『光りの墓』では、役者陣もアピチャッポン組ともいえる俳優が再登場している。「眠り病」にかかった兵士を演じるバンロップ・ロームノーイは、『トロピカル・マラディ』で主演した俳優である。そしてまた、ブンミおじさんも何度か転生をしたあとなのか「空に浮かぶ単細胞生物」のようなかたちでカメオ出演を果たしている。

ジェンジラー・ポンパットこと「ジェン」は、『ブリスフリー・ユアーズ』の主演で、『トロピカル・マラディ』『世紀の光』にも出演していて、『ブンミおじさん』の姉妹役で登場し、『メコンホテル』と『光りの墓』では主演している。彼女は職業的な俳優ではなく、イサーンで暮らす手工芸で生計を立てている人であり、いわばアピチャッポンにとって彼女はイサーンを体現する人なのだ。この人は二〇〇三年に『トロピカル・マラディ』の撮影期間に事故で足に障害を残してしまうが、この映画ではその実際のエピソードが重要な役割を担っている。本人が本人の名前で出演し、ほとんど本人と同じ設定で、映画に登場している。

『真昼の不思議な物体』には、病院で耳の悪い車いすの老人を女医が診察するシーンがある。それが『ブリスフリー・ユアーズ』になると、同じ老人が同じ女医に、補聴器の具合が悪いといって診察にくるシーンへと展開している。本人たちが登場しているので、実際の時間の進行が、映画のなかでもとらえられているのだ。前出の『アピチャッポン・ウィーラセタクン』という書籍に収録された家族写真と、『ダイヤル011-6643-225059をまわせ！』で使用された母親の写真とを比較すると、その女医はアピチャッポンの母親に似ているようだ。

おそらくアピチャッポンは、アメリカでの留学時代に実験映画を撮りはじめた頃からずっと、個人的な身のまわりの世界に着想を得てきたのだろう。彼の映画の出演俳優に関しても、一度出会った俳優と関係を築いていき、個人的な間柄になってずっと同じ人を撮り続つづけている。傍からみれば、彼は長篇映画、ドキュメンタリー、実験映画、短篇映画、インスタレーション、アート作品など、さまざまなジャンルをまたいで手がけているように見えるが、その底流にあるのは、非常にプライベートな物事であり、とても個人的な観点から映画を撮りつづけている作家ではないのか。アピチャッポン映画のわからなさは、彼が「プラットフォームとしての映画」を考案し、「プロジェクトとしての映画」をつくるなど、その構造に由来するところも多くある。それと同時に、この映画作家が「わたし」を提出するときに観客にすべてを明け渡さない、その私性にヴェールをかけて提出するところにも原因があると思われる。

アピチャッポンはバンコクに生まれて、中国系の医師の両親とともに少年時代をタイ東北部のイサーンにあるコーンケンですごした。彼はアメリカ留学の四年間で、実験映画や映像アートの世界に出会い、外国から母国を見る視線を獲得して、タイを再発見しようとした。短篇作品の『第三世界』(97) はタイ南部の離島で、『真昼の不思議な物体』はタイの各地を旅しながら、タイ映画ならではの撮影方法、撮影対象というものを探求していくような映画であった。その成果は、熱帯のジャングルや東北部のフォークロアの再発見ということにあったのだろう。だが、それよりも重要であったのは『ブリスフリー・ユアーズ』からアピチャッポン組として出演を重ねているジェンジラー・ポンパットとの出会いだったのではないか。

わたしの考えは以下のようである。あるときアピチャッポンは自分の芸術において「森」よりも根源的な、タイ東北部にある独自の「東北性」に気づいた。そして『ブンミおじさんの森』や『メコンホテル』、『光りの墓』といった映画プロジェクトを重ねながら、イサーンの歴史や民間信仰、口承文学に少しずつ近づこうとアプローチしていった。その手助けをしてきたのが、アピチャッポン自身が子ども時代にイサーンですごした個人的な記憶であり、その土地で起きた事件や新聞記事であり、東北地方出身のイサーンの言葉を話す俳優たちなのだ。『光りの墓』でも、目に見えない王宮を歩いているときに、ジェンジラーにラオスからやってきた難民の記憶を語らせている。アピチャッポンはジェンジラーや他の人たちと、撮影前のリサーチにおいてインタビューしたり、映画撮影やプロジェクトで一緒の時間をすごすことで、タイにおける「東北性」を学びながら、その世界へと接近していった。すなわち、アピチャッポン・ウィーラセタクンのある時期におけるさまざまな映画やアート作品は、彼が「東北」へと次第に近づいていくプロセスのなかで、作家的な生を充溢させていく未完のプロジェクトだったといえるのではないか。

1 「DIRECTOR'S INTRVIEW」『光りの墓』プレスリリース、二〇一六年。

2 坂本恭章「カンボジア古典紹介」『カンボジア研究』二号、坂本恭章・峰岸真琴編、東京外国語大学アジア・アフリカ研究所、一九九五年、一〇五―一〇八頁。

3 同前、一〇七頁。

4 *Apichatpong Weerasethakul*, edited by James Quandt, Austrian Film Museum, 2009.

5 四方田犬彦「アジア映画に接近する、いろいろな方法」『アジア映画で〈世界〉を見る――越境する映画、グローバルな文化』夏目深雪・石坂健治・野崎歓編、作品社、二〇一三年、三〇頁。

6 同前、三〇―三一頁。

7 「STORY」『光りの墓』プレスリリース。

亜熱帯のコスモポリタン

エドワード・ヤン論

台北の迪化街

島を一周する台湾鉄路やシンカンセンと呼ばれる高速鉄路の駅が入った「台北車站」から、北側の光復南路を渡ると下町風の甘谷街に入る。衣服や雑貨を売る店の間に間に、椅子をならべた露店がつらなる通りには、牛肉を炒め、八角を煮こむ香ばしいにおいが充満している。隣接する塔城街を北にしばらく行くと、じきに台北の古い街なみになってくる。さまざまな様式の建築物が隙間なくひしめきあう「迪化街《ディーホアジエ》」である。アーケイドでつながる昔ながらの問屋街であり、布や縫製品をあつかう布地問屋、ドライフルーツなどを置く乾物屋、お茶の専門店や漢方の店が立ちならぶ。

迪化街の近くにある雑居ビル内の宿泊所に、何日か寝泊まりしたことがある。ひび割れたガラス窓のむこうに、古い建物の屋上で植木いじりをする下着姿の老爺と、ガラス張りの高層ビルが同時に見える部屋だった。うす暗い階段をおりると、下の階に空き家になった事務所のテナントがあった。人の出入りが多い空手道場やネズミが出る屋台のあるせまい路地を歩けば、どこかの窓から女性のかん高い怒鳴り声がきこえた。

一九五〇年の朝鮮戦争以降、蔣介石がリードした中華民国（台湾）の存在は国際的に認められ、六五年のベトナム戦争を機に台湾経済は飛躍的に発展した。ほとんど東京と相前後するようにして、八〇年代の台北はポストモダン都市としての豊かさを謳歌した。それでいて、中心部のいたるところに過去の面影や、昔ながらの庶民生活の空気が濃厚にただよう街。それが、エドワード・ヤンの映画を観るたびにわたしが思い起こす台北の姿であり、亜熱帯の島にある大都市の濃密な空気なのだ。

ジェイムス・ジョイスが描いたダブリン、ヘンリー・ミラーのニューヨーク、ヴァルター・ベンヤミンのベルリン、そしてエドワード・ヤン（楊徳昌）にとっての台北。すぐれた作家や思想家のなかには、自分が育った都市の記憶を特権的な作品にまで高める人がいる。しかし、戦後すぐに上海の裕福な家庭に生まれ、共産党をきらった両親に連れられて幼年期に台湾に渡ってきた外省人で、留学時代とコンピューター・エンジニア時代を含めるとアメリカで一一年を暮らしたヤンが、どうして台北という街にこだわり続けたのか、その理由は必ずしも明確になってはいない。

エドワード・ヤンという名もそうだが、香港や台湾には英語名をもつ人が多くいる。学校ではじめて英語を習うときに、外国人教師が名前を呼びやすいように英語名をつけて、そのまま使うケースが多いとのことだ。特定の中国語名が特定の英語名と結びつくという関連性はない。それと同じように、ヤンの映画にも中国語の題名と英語の題名がつけられている。長篇一作目の『海難的一天（邦題：海辺の一日）』（84）は英題が *That day, on the Beach* でほぼ直訳だが、二作目の『青梅竹馬（邦題：台北ストーリー）』（85）は、英語では *Taipei Story* になる。青梅竹馬は竹馬に乗って遊んでいた仲、幼なじみという意味だから、原題と英題がまったく異なるのだ。

『青梅竹馬』は、迪化街の古い下町で育ったアリョン（侯孝賢《ホウシャオシエン》）とアジン（蔡琴《ツアイチン》）という若い男女が、急速に経済成長をとげていく台北のなかで疎外感を強め、同棲や結婚を前にしてゆれ動く心のさまを描いており、この中国語のタイトルは物語を要約している。冒頭に、ふたりが新築マンションの部屋を内見するシーンがある。窓外に同じような集合住宅が立ちならぶ光景を見せる印象的なショットは、台北が物質的に裕福になったのにもかかわらず、どこか荒涼としているふたりの心象風景を暗示する。英題のほうは、小津安二郎の『東京物語』へのオマージュもあるのかもしれないが、ヤン自身はこの映画のコンセプト面を強調したといっている。

出発点は本質的にコンセプチュアルなものでしたね。台北についてのストーリーを語りたいと思いました。これには個人的な側面もあります。ぼくに対して、大陸の人間だとか、台湾にどこか敵対的な人間だとかいうレッテルを貼ろうとする人たちがたくさんいるのですが、ぼくは自分を台北人だと思っています。台湾に敵対的だなどということはない。ぼくは台北の味方です。この街のあらゆる要素を取り入れたいと思ったので、ほんとうに苦労してゼロからストーリーを作り上げました。中心人物二人は台北の過去と未来を表わしており、物語は一方から他方への移行に関するものです。[1]

たしかに数十年間という時間の単位でみれば、エドワード・ヤンという人は戦後に大陸から移り住んできた外省人であり、それ以前から台湾島にいた原住民や本省人とは異なる出自をもっている。だが、もっと長い歴史で考えたらどうだろう。たとえば、一六世紀に太平洋を旅したポルトガル船が偶然に緑豊かなこの島を「発見」したとき、ひとりの船員が「イーリャ・フォルモサ（美しい島だ）」とつぶやいたことから、台湾は最初に「フォルモサ」という名でヨーロッパに紹介された。一七世紀にオランダが支配していた台南を漢人が攻めた折には、原住民たちがその地域を「タイワン」と呼んだので、そこに漢字をあてて台湾島になったともいう。その後、一八九五年から太平洋戦争の敗戦までの五〇年間、台湾が日本の植民地だったことはいうまでもない。

九州より少し小さい面積をもち、宮古島や八重山諸島と同じ緯度にあるこの南島は、歴史的にオランダや日本や中華民国の支配を受け、そのたびに外来の言語や文化を積層化させていった。それぞれ文化も言語も異なるオーストロネシア語族系の原住民たち、出身地と言語の異なる福佬人や客家人を含む本省人、そして戦後に入ってきた外省人という複数のエスニシティが混淆している。そう考えると、エドワード・ヤンが自身を「台湾人」ではなく「台北人」と定義したことが気になってくる。この島を旅するとわかるように、各エスニック・グループはある程度地域ごとにわかれて居住しており、それら多様な人たちが集まってともに暮らしているのが「台北」という場だからだ。

「上海のようなコスモポリタンな町で生まれたこと、中国の無名の中間層のなかで、最もかけ離れた正反対の極をそれぞれ出自とする両親を持ったこと、それから、歴史上のあの時代において非常に国際的な町だった台北で育ったこと、これらのことをぼくは非常に幸運なことだと思っています。中国全土の、および世界中のあらゆる民族の人々に出会う機会がありました」とヤンは語る。[2]『青梅竹馬』と *Taipei Story* というふたつのタイトルは、台北という都市の多文化的な風土にあわせ、観る人によって異なるとらえ方がされることを前提にしてつけたのかもしれない。

同じインタビューのなかでヤンは、八〇年代に台湾ニューウェーブが登場した背景として、反共的な政策をとったアメリカが台湾政府を支援したおかげで、台北ではイタリア、フランス、アメリカ、イギリス、日本など世界中の映画に触れられたことを要因にあげている。『青梅竹馬』には、アリョンがアジンとふたりで彼女の実家を訪ねるシーンがある。アリョンが彼女の父とビールを呑んでいると、商人の父親は下の階にビンの蓋とチューブの返品が山積みになっているとぼやく。一階を店舗にして上階を住居にする迪化街らしい舞台設定だ。アジンは引きだしから古い家族写真とともに、フランスの戦争映画『大進撃』(66)やアラン・ドロンとロミー・シュナイダーが共演した『時陽断月花(邦題：恋ひとすじに)』(58)のチラシをだして眺める。このパートは、ふたりの生まれ育った迪化街と、台北におけるコスモポリタン的な映画の記憶を映像によって交錯させる重要なシーンになっている。

台北人の喪失感

エドワード・ヤンの『獨立時代(邦題：エドワード・ヤンの恋愛時代)』(94)の導入部分の字幕には、孔子と弟子による「都会に人が多すぎる、どうしたらいいか」という問答のあとで「二千年の貧困と闘争ののち、台北という名の都市が世界で最も裕福な都市のひとつになるには、わずか二十年しかかからなかった」という字幕が入る。これは『青梅竹馬』という男の物語を理解するのにも役立つだろう。

アリョンは、少年時代はリトルリーグのエースとして活躍し、一九六九年の世界選手権で台湾チームを優勝に導いた選手のひとりだったらしい(映画の結部で、バイク乗りに腹部を刺されて意識朦朧となった彼が、ゴミ捨て場にある家具調テレビの画面に当時のニュース映像の幻影を見るみごとなリバース・シヨットがある）。現在のアリョンは家業をついで迪化街にある布地問屋を営んでいる。対照的に、恋人のアジンは不動産ディベロッパーとして働くキャリアウーマンという設定だ。彼は台北における過去の生活様式や人間関係をひきずり、彼女は現代的な女性のあり方を代表している。この映画における台北という都市は、フレドリック・ジェイムソンが『恐怖份子』（86）を主に考察した論文で書いたようなポスト近代社会の表象とは少し異なっている。むしろ過去から未来への移行に人びとが戸惑い、矛盾する両方の時代性を同時に含みながら、南溟《なんめい》の暑気と湿度のなかに街がまどろんでいるように見えるのだ。

エドワード・ヤンがいうように、台湾はさまざまな国によって植民化され移民を受け入れてきた国際性をもち、六〇年代中盤から八〇年代半ばにかけて経済成長して現代的な都市へと変貌した。『青梅竹馬』という映画では、大人になるまで何となく関係が続いている幼なじみの男女における失業や再就職、恋愛のもつれ、家族や友人との関係を丹念に見せながら、「台北人」が直面する新時代の喪失感を描く。そのためにヤンはどのように映像を構築しているのか、敷居を使った演出を例に見てみたい。

前述の実家における食事に続くシーンで、迪化街の古さびた屋内とは異なる、ピンク色のベッドを置いた自室にアジンがいる。ドアを開けてアリョンが「君の父親と出かける」といいにくる。立ち去りかけた彼を彼女は呼び止め、東京に立ち寄ったかどうか問いつめる。女友だちと密会したのではないかと疑っているのだ。このときアリョンをとらえるウエストショットは、ドアの敷居越しに二度くり返される。それによって、結婚に踏みこめないふたりの心の距離を表現し、同時に、彼が家庭的な空間におさまらない宙吊り状態でいることが会話や物語の次元ではなく映像によって明示される。後続のショットでは、アジンの祖母と母親が家の入り口と戸口という二重のフレーム内に配置される。さらに念を押すように次のショットで、開いた戸口の奥にある部屋の敷居（再び二重のフレーム内）から出てくるアジンの姿をとらえる。外の世界では現代女性としてさっそうと立ち働く彼女も、迪化街の実家に帰れば、男たちに酒肴をつくって相手することを余儀なくされる。祖母や母のように家という暗い因習に縛られた女性のひとりであることを、言葉や物語に頼ることなく視覚的に見せるのだ。

このように『青梅竹馬』のもうひとりの主人公は、映像で提示される台北のさまざまな相貌である。エドワード・ヤンは引き気味のロングショットを多用して、登場人物のまわりに都市の呼吸を呼びこむ。たしかにライトアップされた台湾総督府の周辺をアジンがバイク少年たちと走るシーンもすばらしく、通りすぎる車のライトで迪化街の一軒一軒の建物を夜闇に照らしだすノスタルジックな画にも心が動かされる。だが撮影から三〇年が経過してから観ると、台北の風景よりも、車で信号待ちしていた交差点でアリョンが友人と再会するときの引いた画や、賭けマージャンに夢中になって育児放棄した友人の妻をアリョンが連れだしにいく、松山区の路地裏におけるロングショットにこそ都市の活力が息づいていると感じる。その空間に微細なニュアンスの感情を流しこむ人物がいなければ、映しだされる光景にいったい何の意味があるというのか。

特筆すべきは、『青梅竹馬』の随所にアメリカ文化や日本文化が侵蝕していることだ。物語面でいえば、アメリカを視察して帰ってきたばかりのアリョンが、東京で女友だちと密会したことをアジンに隠していたり、勤めていた会社を突然解雇された彼女がアメリカ移住を提案したりというできごとがある。だがそのこと以上に、少年野球やキャッチボールの場面、ペプシコーラの缶を模した玩具、「銀座カラオケ」のロゴがあるバー、日本のコマーシャルを録画したヴィデオテープ、富士フイルムの巨大なネオンサインなど、戦後生まれの第一世代であるエドワード・ヤンは、経済成長と近代化の象徴としてアメリカや日本を表す記号をいたるところに散りばめている。

「六〇年代の映画だけを考えても、台北では何でも見ることが出来たのです。たとえば、日本映画を専門に上映する映画館もあったし、ヨーロッパ映画専門館もありました。ヌーヴェルヴァーグの映画ではトリュフォーの映画もシャブロルの映画もそうした専門の映画館で見ました。台北はそうした意味でコスモポリタンな街でした。〔……〕僕たちは、日本とアメリカからの情報を主に頼って当時生きていたんです。六〇年代に、台北で生活していれば、誰でもそうした環境の中にいたはずです」とヤンはいう[3]。ひるがえっていえば、『青梅竹馬』において地元の風景に溶けこんだアメリカ文化や日本文化は、すでに台北人によって吸収され、彼ら自身のものとして消化されているのだ。台北という街は植民者や移民を受け入れてきた歴史のなかで、借り物の文化を自分たちのものにしてしまうようなしたたかさを身につけてきたのである。

『青梅竹馬』がつくられてから三〇年が経過しても、台北は完全にグローバル化を完遂することもなく、相変わらず高層ビルと市場や露店が隣接し、郊外のマンションと古くからの下町が同居している。それが台北らしさなのだ。そのような意味では、先鋭的にポスト近代的な都市空間と台北人を描いた『恐怖份子』よりも、この『青梅竹馬』のほうが、時間の経過による風化に耐えうる作品だったといえるかもしれない。今後どのような時代がきたとしても、台北は外部から新しさを取りいれながら、古いものを内側に保持したまま更新を続けるだろう。それがエドワード・ヤンの映画のなかに反映された、亜熱帯のコスモポリタンの姿なのではないか。

1　ジョン・アンダーソン『エドワード・ヤン』篠儀直子訳、青土社、二〇〇七年、七四頁。
2　「エドワード・ヤン——インタヴュー」同前、二〇五頁。
3　「エドワード・ヤン——必要なのは信念です」梅本洋一『映画が生まれる瞬間——シネマをめぐる12人のインタビュー』勁草書房、一九九八年、六六—六七頁。

台南とシュルレアリスム

『日曜日の散歩者』

数年前の夏、わたしは台南を旅した。深く考えずに息抜きのつもりで、歴史の深い古都に立ち寄ることにしたのだ。何人かの台湾人からその魅惑的な街をぶらりと歩くことを勧められたからだ。台湾高速鉄道の台南站に到着すると、駅前の広場には椰子の木が何本も伸び、戦前のコロニアルなスタイルを思わせる駅の建物には独特のおもむきがあって期待が高まった。老街のせまい路地を歩き、古民家を見て歩くだけで陶酔感が増してくる。足が疲れたら休憩がてら座って、ときどき牛肉麵《ニヨウロウミエン》をすすったり、豆花《トウフア》を食べたり。夜になると、黄色い街灯と赤いランタンで街は表情を変えた。たまたま迷いこんだ天壇という廟では、一九世紀の台湾を偲ばせる空間と信仰のあつい老人たちの姿を見かけて感動した。大日本帝国の植民地になるまで、台南は台湾島の政治経済の中心地であり、濃密な伝統文化を残し、独自の閩南語《びんなん》（台湾語）が使われる街であった。それが一八九五年に日本の統治がはじまると、半世紀にわたって日本語教育を受けさせられることになった。

『日曜日の散歩者』（黄亞歴監督、15）は、一九三〇年代に楊熾昌や李張瑞らが中心となった「風車詩社」という、日本語で詩を書いた詩人たちのグループを取りあげた作品である。超エリートだった彼らは帝都東京でヨーロッパのモダニズムやシュルレアリスムを学んだ後、帰国して台南で文学活動をはじめた。古い時代の空気をただよわせる街で、前衛的な詩や小説や随筆といった創作を地元の新聞『台南新報』の学芸欄や、ガリ版刷りの同人雑誌「Le Moulin（風車）」を舞台に発表していった。彼らは母語による教育の機会を奪われて、日本語で文学表現をしなくてはならなかった。最先端のモダニズムを身につけ、一九二九年から三五年のあいだに日本留学して西脇順三郎や新感覚派の文人たちと交流し、ジェイムス・ジョイスやジャン・コクトーの影響を受けた彼らの文学は、地元の人たちから簡単には受け入れられなかった。詩人で日本留学の経験もある陳明台によれば、台湾では「風車詩社」の詩は長いこと忘れ去られ、再評価されたのはようやく八〇年代になってからのことだという。[1]

ところで、アヴァンギャルド映画やドキュメンタリー映画を研究をする者として、わたしは両者の特徴をあわせもつ「エッセイ映画」に関心を抱いている。撮影と編集がデジタル化された二一世紀のドキュメンタリーの世界では、伝統的な記録映画の方法論に飽き足りなくなったつくり手たちが、みずからの意見や主張を前景化したエッセイ的な作品をつくるようになった。それはドキュメンタリー映画における前衛的な表現であり、映像に従属してきた音声のあり方を見直し、ときには音声や文字に作品のなかでの主導権を握らせる。古典的な作品として頭に思い浮かぶのは、ヨリス・イヴェンスやクリス・マルケル、アラン・レネやジャン＝リュック・ゴダールのいくつかの作品だが、近年では

『シリア・モナムール』（オサーマ・モハンメドほか監督、14）のような傑作がある。その特徴は、絵画、写真、映画、映像などの豊富なアーカイヴにアクセスし、それらを参照しながら自分の考えを音声で語る手法である。ほとんど撮影行為をせずに映像の引用ばかりをかけ合わせて、映像、音声、音楽による独特の音像《ソニマージュ》作品をつくったゴダールによる『イメージの本』（18）も、エッセイ映画の例だといえる。

エッセイ映画の方法

『日曜日の散歩者』では、エッセイ映画の歴史における長い蓄積の成果がいかんなく発揮されている。モダニズムに傾倒して、ときには超現実主義的／シュルレアリスム的な詩の表現方法をとった風車詩社の詩人たちの人生とその時代を描出するにあたって、監督は従来のドキュメンタリーの方法論をとることを拒否した。「シュルレアリスムの詩人を、シュルレアリスムの手法で描く」のだ。[2]「このように組み立てたのは、映画の中で超現実に見える風景や物は、すべて観客に自由に解釈してほしいからです」と作家はその動機をインタビューで語っている。

映像では、現実と少しは関係するものの、単純にリアリズムに属するわけではないものを提示したいと思っています。そういったものが、どういった映像の感覚や、映像のリズム、映像の造型によって指し示し、暗示することができるのか。〔……〕私はある想像の空間を提示することで、前後するこれらの図や文字をつなぎ、音と画面の間に弁証法的な言語を形成したいと願っています。[3]

それでは、ドキュメンタリー映画にとってシュルレアリスム的な表現とはどんなものなのか。そこで詩的な表現は可能であるのか、それが可能であるなら一体どのような映像技法になるのか。『日曜日の散歩者』では、記録映像とドラマ部分が混在し、説明的なナレーションを一切使っていない。むろん、通常のドキュメンタリー映画のように顔写真や記念撮影のスナップショット（エンドロールでは「引用肖像」）を見せながら、そこに楊熾昌、李張瑞、林永修らが書いた散文の朗読をかぶせるシーンも多くある。朗読者が台湾訛りと思われる日本語で読むことで、独特の効果を生んでもいる。特に日本留学時代の林が、当時は慶應義塾大学の教員だった西脇順三郎らとピクニックに出かけるパートはつよい印象を残す。

しかし、映画内において、本当の意味でナレーションに代わる役割を果たすのは、楊、李、林、張良典らが登場してガリ版刷りの同人雑誌をつくりながら、いろいろな会話を交わすドラマの部分だろう。作家はこれらの登場人物を撮影するときに、あえて顔を画面に映すことを避け、首から下だけの身体を撮っている。人物が何を考えているのか、どのような感情をもっているのか、それを伝える情報量の多い「顔」が登場しないことで、ドラマ部は匿名的な雰囲気を醸しだす。監督のインタビューによると、物語や感情を導くための鍵となる映像を省くことで、台湾と日本の文学史から忘れ去られた風車詩社の詩人たちを表象する、そんな構図なのだという。また、このドラマ部分は画集や写真集、当時の新聞記事や書籍を撮影して引用するためにも使われる。映画の後半では、太平洋戦争の渦中にあった時代の質素な食事や生活風景を描き、観客がその時代の空気を感じるための入り口をつくっている。ねじれた言い方になるが、音声トラックのヴォイスオーバーが解説的ではない分だけ、代わりにドラマ部分が時代や当時の社会状況を説明する役割を果たしているのだ。

『日曜日の散歩者』において詩が紹介される方法を見てみよう。映画の冒頭で最初に引用されるのは「詩とは何であるか……／私達は如何に対象を裁断し、組み合わせるかといふことで詩が構成される。／これは詩人のエスプリの秘密である。」という短いものだ。真っ黒い画面を背景に白い文字で、日本語の文字列と中国語の訳文が同時に示される。前後のカットを見てもこれが誰の詩であるのかは判然とせず、この場面での文脈から同人雑誌『Le Moulin（風車）』に掲載された詩だと想像するしかない。本作では、ドキュメンタリーの手法によくあるように詩を発声して朗読することはなく、文字だけで示して黙読へと導く。詩は観客が能動的に読まなければ、頭のなかに入ってこない。それに加えて、それが誰の詩でどんな時代に書かれた作品であるのかの説明もない。そのため、前後のドラマ部分や引用されるイメージと衝突するような詩文を、観客はみずから創造的に読解することをうながされる。「詩とは何であるか……」という引用を黄亞歷が冒頭にもってきたのは、この一文の「詩」を「映像」に置き換えてみれば、彼がこの映画で目ざしている映像手法を表した文章になるからだろう。

また、詩人たちが書いたエッセイを朗読する音声トラックに対して、直接的には関係がなさそうな風景ショット、ミロやダリの絵画、マン・レイの写真をぶつける方法は、クリス・マルケルのエッセイ映画を想起させる。マルケルの映画では、映像トラックはむしろ従属的になり、音声トラックとその背後にある知性こそが主役であって、それらが各ショットを統合してひとつの気分を分泌するのだ。黄亞歷がルイス・ブニュエルや衣笠貞之助らの前衛映画を引用しつつ、絵画や彫刻作品を画面全体に提示し、そこに環境音、朗読する声、現代音楽を自在に重ねていく手法は『映画史』以降のゴダールの方法にも似ている。

『日曜日の散歩者』が、一九三〇年代の台湾島における「日本語文学」の忘れられた詩の世界を表現するために、シュルレアリスム映画のような映像表現を目ざしたとまではいい切れない。だが少なくとも、現代のドキュメンタリー映画がもつ最前衛の映像技法を動員していることは確かだ。そのような詩の表現が、そして映像の表現が、台南という古都を舞台になされたことで、モダニズムの文学や芸術がもっている取っつきにくさが中和されている。初めて出くわすのに懐かしい、異郷に対して郷愁を抱くような、独特のノスタルジーがこの映画からは漂ってくる。

1 陳明台「楊熾昌・風車詩社・日本詩潮」『よみがえる台湾文学』東方書店、一九九五年、四九一頁。

2 大東和重「詩人たちの風車がふたたび廻る――古都・台南の新しい文学運動」『日曜日の散歩者』プレス資料、二〇一五年。

3 「監督インタビュー」、同前。

2

民族誌映画のフィールド

神話を彫塑する

ロバート・フラハティ論

北極圏の探検家

「ドキュメンタリーの父」として知られるロバート・フラハティだが、彼が最初の映画『極北のナヌーク』（22）を撮りはじめたときは、すでに四〇歳になっていた。フラハティのそれ以前の人生を見ると、彼がカナダの北極圏でイヌイットの人たちの映画を撮ることは、ほとんど必然だったことがわかる。一八八四年にアメリカのミシガン州で試掘者の父親のもとに生まれたフラハティは、鉱山の場所を探すために、幼年期から家族とともにカナダの山中を転々としながらすごした。一九世紀末のフロンティアでは、まだネイティブ・アメリカンが昔ながらの生活をしており、彼らから雪山のなかで犬を使ってウサギを狩る方法などを教わったという。[1]一〇代の頃から父親とともに夏はカヌーで、冬はかんじきを履いて、オンタリオ州北部の奥地を何か月も探検して歩いた。この時点ですでに「探検」をしつつ「先住民」に接触して暮らすという、後年におけるフラハティの映画作家としての特徴を見ることができる。

不朽の名作が誕生するまでには並々ならぬ苦労があるもので、フラハティは『極北のナヌーク』を完成するまでに約一〇年かかっている。大学を卒業後、彼は父親と同じく企業の資金を得て働く探検家になった。カナダの北極圏に属するハドソン湾を踏破して、それまで知られていなかった土地や長いあいだ忘れられていた島を発見するなどの業績をあげていった。フラハティはこの地域に関して「森がなくなるところでインディアンの国は終わり、そこからエスキモーの世界になる」と書いた。[2]北極圏のカナダやアラスカ、グリーンランドに居住する先住民イヌイットの人たちの生活に興味をおぼえた彼は、その時点ではじめて映画を志すことになったのだ。

カナダ太平洋鉄道という会社が出資して、一九一三年にハドソン湾へ三度目の遠征をする際に、フラハティは事前にニューヨークで三週間の映画コースに通って勉強した。そしてベル&ハウエルの映画カメラ、簡単な照明機材、上映用の機材、現像とプリントができる道具をもって探検にでかけた。北極圏でイヌイットの人たちの撮影に夢中になり、合計で七〇〇〇フィート（七〇時間以上）ものフィルムをまわした。しかし、帰着後にカナダのトロントで編集中、うっかり煙草の吸いがらをネガフィルムの籠に落とし、撮影済みフィルムを燃やしてしまうというミスをおかした。[3]フラハティは、どのみちその作品はあまりに紀行映画的だったと考えることに決め、次の探検ではイヌイットの家族にスポットを当てることにして、四年のあいだ資金をだしてくれるスポンサーを探した。そうして実際に彼が『極北のナヌーク』を撮るために、ケベック州の北にあるアンガヴァ半島にもどることができたのは、一九二〇年八月から翌年八月までの丸一年間のことであった。妻のフランシス・フラハティは、彼がイヌイットの世界に惹かれていくことになった理由を次のように述べている。

ロバート・フラハティは、風景の中のほんのちょっとした事物をも見つけることが出来る、探検家としての鋭い眼をもっていました。しかし、エスキモーはあの広大な白一面の大画面の世界で起こる一瞬の動き、獲物、食料、すなわち生命を意味するどんな微細な影の動きも捉える、もっと鋭い眼をもっています。その鋭い眼が薄ぼんやりとしか見えないような状態に陥ったとしても、生活を生き抜く鋭い本能により、嗅覚や聴覚といった他の感覚がただちに、その働きを引き継ぐことでしょう。彼らはつねに全人的な感覚で生き、それが彼らの生き方なのです。[4]

北極圏で伝統的な狩猟生活を送るイヌイットのことを、西洋人の眼から文明的に遅れた人たちとして見なすのではなく、異なる文化や感覚をもつ人たちとして、探検家の視線から彼らの生き方に敬意を抱いていたというのだ。ここに『極北のナヌーク』という映画がドキュメンタリー映画の先駆的な作品というだけでなく、映像によって文化的他者をあつかう民族誌的な映画として見られる理由がある。ところで「ドキュメンタリー（資料的）」は、まさにフラハティの映画を観たスコットランド出身の映画監督であるジョン・グリアソンが、この映画を説明するために発明した言葉であった。フラハティ自身は記録映画やドキュメンタリーのスタイルが確立される前にこの作品を撮っており、『極北のナヌーク』と現在わたしたちが考えるドキュメンタリーのあいだには、さまざまな方法論上のちがいがある。そこがこの映画の記録一辺倒ではない魅力につながっているところもあるので、実際のシーンにそくして見てみたい。

『極北のナヌーク』は、ハドソン湾に面したアンガヴァ半島に暮らすイヌイットの家族の生活を描いている。一年の大半を雪と氷に覆われた大地のうえに、氷でできたイグルーと呼ばれる家を建て、犬ぞりで土地から土地へと移動しながら食用にセイウチやアザラシを狩り、サケなどの魚を銛で突き、シロクマや北極ギツネの毛皮を白人たちと交易するという過酷な生活である。映画冒頭の序文で述べられているように「ひとりの登場人物に、わたしが長いあいだ知り合ってきたイヌイットの典型を掘りだせば、その作品は価値のあるものになる」とフラハティは考えた。そこに『極北のナヌーク』がドキュフィクション（docufiction）、つまりプロの俳優ではないアマチュアが自分自身を演じたり、演出的な意図やシナリオに沿って虚構の自分を演じる、虚構の要素を含んだドキュメンタリーとされる由縁である。彼がこの作品を撮った時代、まだフィクションとドキュメンタリーを明確に線引きして考える習慣がなかったことが原因のひとつにある。

『極北のナヌーク』に登場する親子五人の家族は、実際の家族でない。父親の「ナヌーク（熊の意）」を演じたのは、イチヴィムイット族のアラカリアラク（またはアラカギアラク）という男だ。妻のニーラを演じたアリス・ヌヴァリンガも、もうひとりの妻を演じた女性も本当の妻ではなく、実際はフラハティの内縁の妻たちだったとされる。虚構は登場人物の設定のみにとどまらない。すでに彼らは銃で狩りをしていたが、ヨーロッパ人と接触する前のスタイルで狩りをするように、フラハティがアラカリアラクに勧めたという。また映画の中盤とラストに二度、ナヌークとその家族がイグルーのなかで寝起きするシーンがあるが、氷の窓がひとつあるだけの室内では撮影するための光量が足りなかった。そこでフラハティは、縦に割った書き割りのようなイグルーを建ててもらい、外気に面したところで普段通りの営みを演じてもらったのである。

　虚構を交えたノンフィクション作品であるのに、フラハティの『極北のナヌーク』はイヌイットの家族における一年の生活誌を描いた作品として、一九二二年の公開当時から世界中で上映されて、名作として一〇〇年近くのあいだ見続けられている。これはどういうことか。たとえば、映画の前半にナヌークを含むイヌイットの男たちが協力してセイウチ狩りをする場面がある。これはハドソン湾の沖二五キロの海上にあって、夏にセイウチが集まる通称「セイウチ島」で撮られた。イヌイットの男たちはカヤックで、フラハティは捕鯨船でこの島に上陸し、フラハティは「撮影のためにセイウチを狩るのだから何が起きても撮影を優先してほしい」と頼んだ。[5] 水際で寝転んでいるセイウチに匍匐《ほふく》前進で忍び寄り、銛を突き刺して、セイウチの巨体を数人の男が引き揚げるシーンは迫真に満ちている。登場人物に虚構の設定があろうと、現代では「やらせ」といわれるような演出が多少入りこんでいようと、フラハティが映像に記録したのは、厳しい自然のなかで暮らすイヌイットの生活における真実の姿だった。そこにこそ、この映画が多くの人によって長年支持されている理由があるのだろう。

「全ての芸術は、探検行為の一つである。全ての芸術家の行為というのは、結局のところ発見なのだが、それは言い換えれば、隠れていた真実を明るみに出すことでもあるのだ」とフラハティはいった。[6]『極北のナヌーク』には、それ以前の映画のなかにはなかった本当にその場所で人生を送る人たちの表情、身体所作、生活が描かれている。それはただ撮影をすれば写るものではなく、撮影者がイヌイットとともに暮らしながら彼らに働きかけ、彫りださなければ得られないイメージであった。ドキュメンタリーという言葉の定義に関しては専門家たちに議論してもらえばいい。フラハティの『極北のナヌーク』によって初めて、世界がスクリーン上に本物の人たちの姿を目撃したことのほうがずっと重要だとわたしなどは思うのである。

映画作家のロバート・フラハティが、妻フランシスと三人の子どもを連れてポリネシアのサモア諸島へ移り住んだのは、一九二三年のことであった。フラハティたちはそこに二〇か月のあいだ滞在して一九二五年まで撮影をつづけ、帰国後に二本目の長篇映画『モアナ』(26)を完成することになる。フラハティは前作『極北のナヌーク』で北極圏に近い北米のハドソン湾に暮らすイヌイットを描き、その作品が高い評価を得て興行的にも成功をおさめていた。それに目をつけたハリウッドの製作会社パラマウントが「世界中どこへ行くのでも資金は提供するから、ナヌークのような映画をもう一本撮ってきてほしい」とフラハティに依頼したのが、『モアナ』のプロジェクトの発端だったという。それまでのフラハティは自身を探検家として位置づけていたが、四〇歳になろうとしていた彼はそれから先の人生を「映画作家」としておくることになる。

『ロバート・J・フラハティ伝』(ポール・ローサ著、未邦訳)のページをめくっていると、興味ぶかい記述にぶつかった。『極北のナヌーク』の次の映画をどこで撮ろうかと考えていたフラハティが、作家のフレデリック・オブライエンに連絡をとってニューヨークで会っていたというのだ。オブライエンは日本語圏では知られていない作家だが、ポリネシアのマルキーズ諸島でネイティブたちと一年間をすごし、彼の書いた『南海の白い影』は一九一九年にアメリカで出版されて話題になっていた。

その後もオブライエンはタヒチへの旅を書いた『南洋の神秘の島』や『太陽の環礁』を出版している。フラハティは長いあいだ北極圏の氷ついた土地を探検していたので、どこか正反対の極地へ行きたいと考えていた。今度も現地に住みこむ撮影スタイルを踏襲するつもりだったが、そのために今度は妻と成長してきた子どもたちを同行させる必要があった。フラハティに会ったオブライエンは真のポリネシアらしさが残っているのはサモア諸島だといい、「サバイイ島のサフネ村へいけば、まだ地球上にのこる美しい伝統文化を見ることができるでしょう」と勧めた。それでフラハティと家族の行き先は決まったのである。

一九二三年五月にツツイラ島のパゴパゴ港に到着したフラハティ一行は西へ進路をとり、ウポル島の町アピアを経て、スクーナー船でサバイイ島のサフネ村についた。そのときの様子は、フラハティの手によって美しい文章でつづられている。

> 環礁にかこまれた浅瀬に入ったとき、私たちの舟は大空に浮かぶひとちぎりの雲のようだった。水は空気とおなじくらい透明である。ゆっくりと波にゆれる虹色のサンゴと魚からなる、珊瑚礁の庭を見おろせた。最初からすべてが現実ばなれした空想のようだった。目のまえには三日月形のきらめく砂浜が広がり、背の高いヤシの木々がその向こうにのびる。木々に寄りそうようにして建つネイティブの美しい小屋は、ヤシの茅葺き屋根と竹でできていた。[7]

『ナヌーク』に匹敵するような大自然と人間の格闘のドラマを求めていたフラハティは、到着当初はオオダコやトラザメといった海の怪物をさがしていた。だが何週間も調査したあげく、それが噂の存在にすぎないことを悟る。そこではじめて、前出のようなサバイイ島についたときの詩心を思いだすことになったのだ。フランシス夫人の言葉をかりれば、それは「自身の思い込みをぬぐいとり、新鮮で初々しく、柔らかな感性で、ちょうど露光されていないフィルムに陰影を刻み込むように、来るものを全て受け容れて自分の心に刻み込む」ことであった。[8] こうして、目の前にいるサモア人の日常的な慣習や伝統行事を撮るところに主眼が定まったときには、すでに到着から数か月間がすぎていた。そのプロジェクトは、サモアの言葉で「海」を意味する「モアナ」と呼ばれるようになったのである。

フラハティから二年三か月おくれて、文化人類学者の卵であったマーガレット・ミードがツツイラ島のパゴパゴ港に到着している。一九二五年八月のことだった。二三歳で大学生だったミードは、恩師フランツ・ボアズの指導で初めての実地調査をするためにサモアを訪れたが、同時にそれが初めての外国旅行でもあった。誰も手をつけたことのない場所でポリネシア人の思春期の少女を研究するべく、ミードはサモアのなかでも辺境の島を目ざして、フラハティ一行とは反対に東へむかった。ボアズ先生への手紙のなかでミードは書いている。「ここから約一〇〇マイル離れたマヌア諸島の三つの小さな島の一つタウ島に行くことに決めました。マヌアの島々はアメリカの租借地で、政府の船が三週間毎に往来しています。ここの村々はサモアのどこよりも開けるのがおくれていて、文明に毒されていません。この点では西サモアのサバイイ島に匹敵します」[9]。サバイイ島に滞在したフラハティとタウ島で調査したミードに共通しているのは、この時代のサモアにおいて特に僻地で伝統文化が残っている村を探したことだった。

マーガレット・ミードが調査に入ったマヌア群島には七つの村があり、全部あわせても二〇〇〇人程度しか住まない未開の地で、かつてのサモア人の生活形態を知るためには適した土地だった。ミードの計九か月間にわたるサモア諸島での調査は、帰国後に論文にまとめられて『サモアの思春期』(一九二八)として出版される。この本は若くしてミードの存在を世界的な人類学者へと押しあげた。ミードのフィールドワークが成功した要因は、まわりに調査を監督する者がおらず、まったく孤独にサモア人社会のなかに吸いこまれるように入ったこと、文化全体の研究にかかわらずに「若者の精神的不安と文化」というテーマにしぼったことがあげられる。それに加えて、それまでの人類学者には女性が希少であり、未開社会における少女の知識が少なかったことを、本書の邦訳者である畑中幸子は指摘している[10]。そこまで学問的に考えないまでも、行動力のある若い女性がサモア人の村に住みこみ、年齢の近い若者たちに共鳴する姿は、この本を読んでいれば自ずと伝わってくる。たとえばそれは、第二章「サモアの一日」の魅力的な書きだしに見ることができる。

一日の生活は夜明けとともにはじまる。しかし夜明け前にまだ月明りがあるなら、日の出前でも、丘の中腹から若ものたちのさけび声が聞えてくる。やみのなかでは幽霊が出るかもしれないので、若ものたちは仕事の手を早めながら大声を出しあっているのだ。日の出とともに薄茶色の屋根の上に光がさして、きらめく海を背景に椰子の木立が浮び上がってくる。すると、恋人たちが逢いびきの場所――椰子の木蔭や海辺のカヌーの蔭――から抜けでて、めいめいの家に忍びこむ。各々の定められた場所で眠りこけている人びとを日の光が照しだす。ニワトリが騒々しく鳴き叫び、パンの木の上の小鳥たちがかん高くさえずる。リーフにたえまなく打ち寄せる波の音も、夜明けの村の騒々しさのために打ち消されてしまうかのようだ[11]。

タウ島の村に入ったミードが砂浜と海にかこまれた椰子の木立に寄りそう小屋で目ざめ、全身を楽器のようにして、まわりの自然や人びとの生活と響きあっている様が目に浮かんでくる。「露光されていないフィルムに陰影を刻み込むように、来るものを全て受け容れ」る初々しい感性がミードになければ、人類学の論文がこのような詩的な散文になることもなかったし、『サモアの思春期』という書物がここまで長く読みつがれる名著にはならなかっただろう。

『モアナ』と『南海の白影』

一九二四年一二月にサモア諸島からもどったフラハティは、二六年に『モアナ』を完成してニューヨークでプレミア上映をおこなった。それから時を経ずして翌年の夏に、今度はメトロ・ゴールドウィン・メイヤー社（MGM）からオブライエンの『南海の白い影』を原作にした劇映画の企画にさそわれる。ここでもロケ地に家族を同行させるという条件で、MGMの職人監督であるW・S・ヴァン・ダイク（『類人猿ターザン』『桑港』など）との共同監督を引きうけ、巨大な撮影隊とともにタヒチへと旅立った。ところがフラハティは少し撮影しただけで、ハリウッド式の方法を叩きこまれたヴァン・ダイクと撮影隊に違和感をおぼえ、物ごとの見方がまったく違うという理由で監督を降板し、巨額の契約を破棄してしまった。サモアを舞台にしたフラハティの『モアナ』とヴァン・ダイクが完成した『南海の白影』(28) は同時期のポリネシアで撮られ、表面的な題材に共通点は見られるが、根本的なところで異なっている。この二者を比べることは無駄ではない。

そもそも、オブライエンの原作『南海の白い影』はポリネシア人とすごした旅行記であり小説であるが、映画化権を買ったハリウッドは本と題名から想を得て、オリジナル脚本をつくりあげた。それは次のような物語である。ポリネシアの島に、白人の植民者たちが商店や酒場などの西洋文化をもちこんでいる。貪欲な彼らは島民たちを奴隷のように使い、素もぐりで真珠採りをさせており、それは彼らの生命をおびやかす仕事であった。見かねた医者のマシュー・ロイドは白人たちと争うが、強制的に船で島をおわれて、まだ文明化されていない他の島に漂着する。はじめて白人のロイドを見たポリネシア人たちは、医者である彼が酋長の息子の命を救ったことをきっかけに崇めるようになり、彼には島娘の恋人もできる。しかし、やがてその処女地にも船が姿をあらわし、文明と貪欲な白人の魔手（白影）が侵入してくる……。ヴァン・ダイクの映画『南海の白影』は、ポリネシア人に同情的な医者と白人の植民者という善悪の対立をシンプルに描いている。ロイドが真珠の価値に目がくらんだり、そのせいで他の白人を呼びよせてしまうなど、登場人物は人格の複雑さをもっている。また、西洋文明が容赦なくあらゆる島へ入ってきて、島民たちがそれを拒めずに伝統や幸福を失っていく様を批判的に描いており、それなりに重厚な作品である。それでは、フラハティはどうしてこの作品の共同監督をおりたのか。

映画の中盤に気になるパートがある。ロイドが漂着した島で、島民のエキゾティックな風俗を次々と見せる一〇分ほどのシークエンスである。背の高いヤシの木を素手と素足でスルスルとのぼっていく男たち、海でおよぐ巨大なウミガメを捕まえる少年たち、島民が木をこすって火をおこし、カニやエビや魚を料理する点景などである。そのあとにはロイドを歓迎するために、島人のダンスと祝宴がくり広げられる。このシークエンスは木のぼりやウミガメ漁など、表面的にはフラハティが『モアナ』に撮った題材と同じ種類のものがあつかわれている。製作費をかけたテレビの紀行番組のように、

『南海の白影』のこのシークエンスは的確なフレーム、的確な角度のショット、細部まではっきりと見える撮影と照明、テンポのいい編集によって珍しい風俗を見せることに成功している。記録という面でも『モアナ』より優れているのかもしれない。それにもかかわらず『南海の白影』の映像にはまったく心がなく、迫ってくるものがない。それは単に劇映画とドキュメンタリーの違いということではない。それは一体、どういうことか。

マーガレット・ミードの『サモアの思春期』を読むと、二〇世紀初頭のサモア諸島では『南海の白影』の観光映画的なシークエンスに見られるように、原初的な生活形式がのこる南の島で、人びとがのどかな自給自足の生活を営んでいたわけではないことがわかる。ミードの思春期の少女に焦点をあてた研究からは、村や家の共同体に厳然とした社会的階層が存在し、サモア人の少女が家族や集団のなかで役割を与えられ、さまざまなタブーや年長者の命令によって社会的に束縛されている姿が浮かびあがる。少年たちが早い時期からチームで魚を釣り、椰子の実を集め、タロイモの耕作など外の仕事を手伝うのに比べて、少女たちは家のなかで子守りを任されることが多い。一四歳未満の少女たちは、火を焚いたり水を汲みにいったり、わずらわしい家事を手伝わされ、他にもバナナの皮をむき、椰子の実をすりおろすなど料理の下ごしらえの担い手でもある。

また、サモアの家には厳格な兄弟姉妹間の性的なタブーがある。一〇歳くらいになって分別がつくようになると、五歳以上ちがわない同年代の男女間では「身体を触れ合うこと、席を同じくすること、いっしょに食事をすること、親しく呼びかけあうこと、異性のいる前でわいせつなことを口にすることなどが禁じられる」[12]という。あるいは、サモアの人たちにとって称号はつきない関心の対象であり、家族集団や村落社会のなかでマタイ（首長）の地位をめぐる闘争がおこなわれ、村における家の名声と地位は子どもたちの人間関係にも如実に反映される。それによって「地位ある人びとに用いる敬語体系を精妙に作りあげるとともに、社会のそれぞれの地位に応じた複雑な礼儀作法をもつくり上げている」[13]。それがサモア式（Fa'a Samoa）であり、未開の社会（人類学では単に無文字社会）の人が、いわゆる文明社会の人よりも無垢で牧歌的だとは簡単にはいえない理由である。

サモア人の村では、子どもが年長者に服従するきびしい慣習があり、だからこそ歌とダンスがそれを緩和するのに役立っているとミードは指摘する。少年や少女が早熟さをアピールして個性を目立たせようとする努力は、ふだんであれば年長者の叱責にあいかねない。だがシバ（踊り）の場においては、それは大人が得意になって自慢し、喜んではやしたてるものに変容する。儀礼的な踊りの場合を別にして、非公式な踊りの場は、少年少女を日常的な仕事や社会的なプレッシャーから解放するのだ。

夜、わたしの部屋を区切っているカーテンを片方によせ、椅子を取り除き、テーブルをかたづけてしまうと、そこは一寸したサモアン・ダンスのシバシバができるほどの十分なスペースがとれるからです。若者たちはわたしのためにギターやウクレレを持って踊りに来てくれます。毎晩二、三人の新顔があらわれますから、徐々に彼らの名前をおぼえるのに絶好の機会になるわけです……。若者たちはあごや口のひげを青や赤に塗り、チーの葉を彼らの両手首に結び、油を塗った胸にウラ（ネックレス）を一、二本ぶら下げ、何時までも踊っています。彼らは決して歌や踊りにはあきることがないようです。[14]

映画『南海の白影』のように、サモア人の踊りをどれだけ豪華なスペクタクルとして撮ったとしても、サモア人の社会的背景から切りはなされてあるかぎり、それは歌とダンスの内実にある心根を反映することのない形骸にすぎないだろう。

ロバート・フラハティが『極北のナヌーク』の製作で学んだのは、撮影対象となる人たちと一緒に暮らすことによって、彼らが毎日おこなう最もシンプルな行動が、なぜどのようにおこなわれるかを理解することが最重要だということだった。それゆえにフラハティ一家は二年近くをサモア諸島のサバイイ島ですごしたのだが、同時期にタウ島へ調査に入った若きマーガレット・ミードは同じことをフィールドで実感していた。観察者に「大きな変化が起こるのは、人類学者が自分の研究する地域社会に住みこみ、一日二四時間、さまざまの光景を眼にするほかに、音、味、匂い、生活のペースとリズムなどをそこの人びとと共有するようになり、そうしたところに微妙なちがいがあるのみか、それらが異なった枠組によって知覚統一されていることが判るようになってからである」[15]。むろん、フラハティは民族学や人類学の調査方法を学んだことなどなかった。ミードもサモアへ入る前は、ボアズ教授からフィールドワークの訓練として三〇分の講義を受けたのみだった。ボアズは「ただブラブラして耳をすまし、心して時間を無駄にしているように見せなければならない」と忠告し、結局はその場へ行ってからひとりで見つけだすしかないとミードに教えたという。[16]

フラハティの映画『モアナ』は、サバイイ島の村娘ファアンガセが森の畑で料理に使うタロイモの葉を集め、その母が桑の枝を運ぶシーンからはじまる。同じ畑では婚約者の青年モアナと弟のペア、それに父親が主食であるタロイモを掘っている。ここにはミードの『サモアの思春期』に報告されたものと同様に、サモアの少年少女が労働する姿がとらえられ、かつ少年と少女の分業が細部まで描きわけられている。モアナがブドウ科の太い蔓《つる》を切って、そこに含まれる樹液を労働後のファアンガセに飲ませるシーンは特にすばらしい。何百年とくり返されてきた行為が、映像に切りだされた瞬間である。このように映画の冒頭を見るだけで『南海の白影』の観光映画的な描写と『モアナ』の差は歴然としている。それは同じサモアの伝統社会にのこる慣習や風俗を記録していても、ネイティブの言葉や動作に自分が理解できるものしか見ずに表面的な驚きだけをなぞる者と、その背後に複雑な行動パターンと人間的感情を読みとる者のちがいである。

モアナたちが罠を仕かけてイノシシを捕獲するシーンでは、字幕で「この仕事で何人かの村の男が命を落とした」と断りがはいる。村ではファアンガセの母が森からとってきた桑の枝の樹皮をむいており、内皮を水でやわらかくしてから棒で叩いてのばし、タパの布地をつくる工程がクローズアップで描写される。それが白檀の赤い種のしぼり汁などで染色され、男女が正装として着るラバラバ（巻きスカート）になるまでの作業をじっくりと見せることで、それが労力と鍛錬を必要とする作業だということを『モアナ』は視覚的に表現する。フラハティがサモア人の日常を美化せずに描けるのは、長い参与観察の裏づけがあるからだろう。フラハティは『モアナ』において、単にサモア人の伝統的な狩りや漁、民芸の制作を刻明に記録しているのではない。彼は自然界と人びとの身体のあいだに起きる行為をカメラの前でやってもらうことで、いわば個を超えるサモア人の神話的な原形を彫りだしているのだ。

それでいて『モアナ』は人類学のための単なる映像資料にはなっていない。サモア人の収穫、狩り、漁、樹皮布づくり、椰子の実もぎ、焚火、料理法といった暮らし方を見せながら、徐々にそれがモアナとファアンガセの結婚儀礼の準備へと収斂される構成になっている。クライマックスでは、モアナが大人になるための通過儀礼である入れ墨の痛みに耐え、嗜好品のカヴァを大人の男たちが飲む儀式のあと、モアナとファアンガセは婚約者の正式なシバを踊る。マーガレット・ミードによれば、少年が成人の入れ墨をいれてもらったあとの踊りと花嫁が結婚式のときに踊るシバは、サモアの人びとにとって社会的に認められた最高のもてなしである。

この稀有な作品に対して、一九二六年にジョン・グリアソンが『ニューヨーク・サン』紙に寄せたコラムにおいて、歴史上初めて「ドキュメンタリー映画」の言葉を使ったことはよく知られている。だがそれよりも重要なのは、同じ文章のなかでグリアソンが「映像資料の価値を持つのは理解するが、何よりも『モアナ』は自然が美しくあるように美しい。若きモアナとポリネシアの人たちが美しいがゆえに美しいのだ」といったことの方ではないか。フラハティはこのドキュメンタリー・フィクションにおいて、サモア人に自分たちの伝統生活を実際にやってもらい、それらを神話的なサモア人の像へと組み立てていった。それは表層的なところでは虚構であったが、彼が参与観察にもとづいて「サモア式」を緻密に掘りだしたものであったがために、ひとつの詩的な真実となりえたのである。

サモアの民俗

ロバート・フラハティが西サモアのサバイイ島で撮影した『モアナ』には、魅力的な映像がたくさんあるが、映画を観るといつも、それぞれの場面がサモアにおいてどのような意味をもっていたのか解説を求めたくなる。ここでは『モアナ』に撮られた映像の背景にある、サモアの伝統的な生活や習俗について考えてみたい。

実をいうと、フラハティたちが到着した時代のサモア諸島は、前人未踏の処女地という感じではまったくなかった。一八三〇年に最初の宣教師が入り、キリスト教化がはじまってからすでに一〇〇年近くが経っており、同じ時期にそれまで無文字社会だったサモアに文字も入っている。一八九九年には東サモアがアメリカ領に、西サモアがドイツ領になって欧米からの駐在者も多く住んでいた。そのような状況のなかで、実在の家族や人物をそのまま記録するのではなく、キャスティングした現地の人びとを使って劇化し、昔ながらのサモアの姿を再現して描いた作品が、この『モアナ』だと理解するのが妥当だろう。

映画の最初のショットで鬱蒼とした密林を見せてから、家事で使うタロイモの葉を集める少女ファアンガセを撮ったショットが次にくる。ミードが書いた『サモアの思春期』によれば、少女の仕事のひとつにこうした料理の下ごしらえがあった。椰子の果実をすりおろし、食材を細切れにし、料理に良いタロイモを選んでくることなど[17]。ここの字幕に「村で一番高貴な処女」とあるので、彼女が祭礼処女《タウポー》だとわかる。タウポーを説明するには、サモアの複雑な位階システムに少しだけ触れなくてはならない。村を構成する諸家族にはそれぞれ首長《マタイ》がおり、首長同士は、重要な家系であるかどうかで厳密なヒエラルキーになっている。もっとも上位の称号が聖なる首長と代首長であり、位階順序によって言葉づかいや敬語を使いわけ、儀礼的な服従を示さなくてはならない。この順序は戦争でもないかぎり変わることはない。聖なる首長は、婚期に達した自分の娘のひとりにタウポーの称号を与えられる。つまり、ファアンガセという少女は、この村における名家の出という設定だったことになる[18]。

つづくシーンで、少年ペアと兄のモアナが登場する。モアナはタロイモの根を引き抜き、ファアンガセはその葉を、ほかの村人はココナッツの実やバナナの房を抱え、少年ふたりの母ツウンガイタはクワ科の木の枝を村に持って帰る。このシーンで運搬に使われるココナッツの葉で編んだ籠も、サモアの特徴的な民具である。また、ここは後続の樹皮布《タパ》づくりの場面を予示している。村に帰る途中でモアナがつる科植物の幹を伐ってきて、そのなかに含まれる水をファアンガセに飲ませる美しいショットがある。食べ物や編み物の材料をさがして遠出をするときが恋人と逢引できるチャンスなのだ、とミードが指摘するとおりだろう。彼らは舟でサバイイ島のサフネ村にもどる。サトウキビの葉で葺《ふ》いた屋根をもつ円形の家々をフラハティは俯瞰で撮っているが、このようなサモアの昔ながらの集落の光景を撮った映像も貴重である。

ツウンガイタがタパをつくる場面は、民族誌的な価値をもつだろう。口を使って枝の外皮をきれいにはぎ取り、水で濡らして柔らかくし、木棒で叩いて延ばすプロセスを、フラハティはクロースアップのショットを積み重ねて細部まで見せてくれる。幾層にも重なる樹皮の面をはがしていくと、布状になっていくのだから不思議だ。大きな一枚の布にするために、継ぎ当てをしたり布を重ねたりしていく。そこへ白檀の実を染料に使って模様を描くさまもとらえており、最終的には彼女がラバラバ（巻きスカート）をつくっていたことがわかる。かつてのサモアでは老齢の女性は誰もがタパをつくる工程に通じていた。床に敷くマットにはハイビスカスの樹皮やパンダヌスの葉を使っていた。反対に老齢の男性は、椰子の実の繊維を撚って、釣りや魚網や家屋の建築に使うひもをつくるのが役目だった。フラハティが滞在した頃のサモアでは、ラバラバを縫うための布の生地はすでに外国からの輸入に頼っていた。しかし、老齢の女性がタパをつくる光景を見れば、サフネ村の若い女性たちは憧れたという。当初は第二の『ナヌーク』を目ざして、サモア人と大自然や海獣との格闘を撮ろうとしていたフラハティは、このタパづくりのラッシュを見て、サモア人の日常的な生活を描こうと決心したという逸話もある。

少年たちは椰子の実を集め、岩場でヤシガニをとり、カヌーでウミガメを捕まえる。そうして集められた食材は、かまどの熱した石の上に置いて、タロイモ、パンの実、緑色のバナナ、ヤシの葉で包んだ魚、ココナッツミルクの菓子などを調理する。映像では描写されないが、ココナッツの実はふたつに割り、先のとがった貝殻や鉄で果肉をすりおろす。「まず石を白く熱くし、それから灰をかきとり、食物を石の上にのせ、かまどは緑葉でおおう。そうすると、その下の食物に火が十分に通る」と、マーガレット・ミードは当時のサモア人の調理法をつぶさに観察している。[19]

『モアナ』という映画の全体的な構成において、こうした一連の食料集め、タパづくり、料理の場面は、モアナの入れ墨儀礼にいたるための準備段階である。そこでは伝統的なカヴァの儀礼もおこなわれる。ヤンゴーナというコショウ科の低木の根には「カヴァラクトン」と呼ばれる向精神物質が含まれており、ポリネシアやメラネシアでは酒に酔ったような酩酊感が得られる嗜好品として親しまれてきた。映画では、首長のひとりがカヴァの儀礼をはじめるにあたって神へ感謝の言葉を述べる。それから男性と祭礼処女《タウポー》であるファアンガセが、カヴァの根を乾燥させて粉末状にしたものを水に混ぜ、根を水でもみだして泥水のようなカヴァ茶にするさまが描写される。

通常のカヴァの儀礼では、「フォノの間」という円形の家に集まり、位階システムの順序で首長たちが円形に座す。うやうやしい挨拶を述べながら、カヴァの盃も位階の順でまわされる。そのカヴァをつくるのがタウポーの仕事なのだ。あるいは、村外から客人がくる場合にもカヴァの儀礼がおこなわれるが、そのときもタウポーがカヴァをつくり、シヴァと呼ばれる踊りを披露する。ミードの報告によると、ひと世代前の時代には、カヴァの根をもみだすのではなく、タウポーがあごが痛くなるまでくり返し噛んだそうである。[20] そのあたりに、祭礼処女が純潔でなくてはならず、位階だけでなく容姿の美しさも求められた理由があるのかもしれない。

『モアナ』のラストを彩る入れ墨の儀礼は、実はフラハティがサモア諸島に滞在していた時期にはすでに廃れていたものだ。ニュートン・ロウという旅行記作家が苦労して、昔ながらの入れ墨ができる彫り師をさがしたという逸話が残っている。ミードはタウ島のマヌア村では二世代にわたって入れ墨が禁止されたと報告しており、若者の半数しか入れ墨をしておらず、儀礼もなくなって「その道の専門家に謝礼を払うだけのものになってしまった」と書いている。[21] ロウはフラハティやミードと同時期の一九二二年から二六年まで、サバイイ島とウポル島に滞在していた。モアナの入れ墨の場面は、彼の著書『航海の神をもつサモア』（一九三〇）の次の文章からフラハティが影響を受けたものとされる。

その入れ墨は、尻からひざまでほぼ切れ目なく彫られる。慣習的にそれが醜いものだと考えられることは決してなかった。入れ墨はサモア人の見映えをよくする。カトリック以外の宣教師たちはこの入れ墨をとても嫌った。野蛮な風習の名残りだとして、いまも嫌っている。それは未成熟な少年に対して効果的な作用をもつ。つまり、人生が容易である島々におけるひとつの試練であり、若者が通過しなくてはいけない儀礼なのだ。[22]

ニュートン・ロウはアサウ村の年老いた入れ墨師に連絡し、フラハティの映画に協力するように要請した。モアナ役を演じたタアヴェイル青年の入れ墨には六週間がかかり、彼の肉体が回復するためには、さらに二週間を要した。彼が入れ墨の儀礼に参加し、その傷を冷やして癒す家族の姿も含めて、フラハティはすべての段階を撮影していった。入れ墨の過程は激しい痛みをともなった。先端を細くとがらせた骨の針と金づちでトントン叩きながら、染料を肌に食いこませていく。下絵となる模様の線にそって針が突くたびに、肌をピンと伸ばし、血を拭きとっていく。

「入れ墨は肉体を美しく飾ることであった。それは金属や陶器がない時代に人間が、自身の健康な肉体の完璧さのなかに、美の感覚を表現するためのものだった。もっと深いところでは、人類に共通する必要なバネだった。苦労して進むことの必要性、試練を受けることの必要性、男としての資質を証拠立て、個人の価値を示す究極のしるしである」と、フラハティの伝記を書いたポール・ローサは結論づける。[23] このことは、タアヴェイル自身が「この儀礼を受けたことは自分の誇りだ」といったことからも裏づけられよう。たしかに『モアナ』は、キャスティングした人たちを家族として描き、すでに廃れていた儀礼や習俗を演じてもらって撮影したという点では、フラハティが想像した古き良きサモアの再現映像であった。しかし、採集も漁労も、シバの踊りも入れ墨の儀礼も、本物のサモア人がカメラの前で再現したという意味では、ジョン・グリアソンが指摘したように、民族誌的な価値をもつドキュメンタリー作品だといえるだろう。

1 Paul Rotha, *Robert J. Flaherty : A Biography*, Edited by Jay Ruby, University of Pennsylvania Press, 1983, p. 7.

2 *Ibid*, p. 13.

3 フランシス・H・フラハティ『ある映画作家の旅――ロバート・フラハティ物語』小川紳介訳、みすず書房、一九九四年、一九一—二〇頁。

4 同前、一七一—一八頁。

5 Rotha, *Robert J. Flaherty*, p. 33.

6 フラハティ『ある映画作家の旅』、一〇頁。

7 Rotha, *Robert J. Flaherty*, p. 55 を拙訳。

8 フラハティ『ある映画作家の旅』、五〇頁。

9 マーガレット・ミード『フィールドからの手紙』畑中幸子訳、岩波書店、一九八四年、四〇頁。

10 マーガレット・ミード『サモアの思春期』畑中幸子・山本真鳥訳、蒼樹書房、一九七六年、二四六頁。

11 同前、一九頁。

12 同前、四七頁。

13 同前、五二頁。

14 ミード『フィールドからの手紙』、四八頁。

15 同前、二一頁。

16 ジョン・マーク『マーガレット・ミード——はるかな異文化への航海』オーウェン・ギンガリッチ編集代表、西岡美緒子訳、大月書店、二〇〇九年、二八頁。

17 ミード『サモアの思春期』、三四頁。

18 デレク・フリーマン『マーガレット・ミードとサモア』木村洋二訳、みすず書房、一九九五年、一五〇—一五四頁。

19 ミード『サモアの思春期』、二三二頁。

20 同前、二三六頁。

21 同前。

22 Newton Rowe, "Samoa Under the Sailing Gods," Rotha, *Robert J. Flaherty*, p. 68 を拙訳。

23 *Ibid*, pp. 68–69 を拙訳。

エスノフィクションの方法

ジャン・ルーシュ論

西アフリカへの旅

ギニア湾岸のコトヌーの町は、じめじめした湿気をともなう熱帯性の気候であった。ところが、車で数十キロの距離を北上してベナン共和国の中部に差しかかる頃になると、がらりと風景が変わってきた。乾燥した大地に草むらや灌木の目立つサヘル地帯になったのだ。まわりに高い山はなく、赤土の地面がどこまでも広がっている。農耕に適した土地とはいえなさそうだった。さらに北へいけば、国境沿いにニジェール河が流れており、道路はニアメーへとつづく。ジャン・ルーシュが一九四〇年代後半から、半世紀以上のあいだ撮りつづけたのは、サヘル地帯の空漠とした風景のなかで生活し、祭礼をもち、旅や移動をくり返している多様な人たちの姿だった。

同じ西アフリカといえども、内陸部のニジェール、マリ、ブルキナファソの乾燥した気候条件では、いつになっても農業収入が不安定であった。そのうえ、一九六〇年代に国家として独立するまでヨーロッパ諸国の植民地であったその地域では、宗主国から重い税金が課されていた。ニジェールは、ジャン・ルーシュが研究や撮影の対象としたソンガイ人のほかにも、ハウサ、フラニ、トゥアレグといった異なる民族を抱える多民族の国家である。隣国のベナンであれば四二、ナイジェリアにいたっては二五〇もの異なる民族が暮らしているというデータもある。この言語的・文化的な多様さが、一方で長くつづくこの地域での民族間の紛争や治安の悪さにつながっているわけだが、これらの人たちの生活や民俗を撮ったことが、ジャン・ルーシュの映画における豊穣さにつながっているのだ、とわたしは納得した。

二〇代のときにはじめてニジェールに入ったジャン・ルーシュが文化人類学者の卵として選んだテーマは、内陸部の人たちが比較的豊かなギニア湾岸のコトヌー（ベナン）、アクラ（ガーナ）、アビジャン（コートジボワール）などの都会へ出稼ぎにでていく移民たちのあり方だった。それゆえに、国境を越えてサヘル地帯と湾岸部を行き来する西アフリカの人たちが、ジャン・ルーシュの映像人類学においても撮影対象になっていった。ルーシュの名を世界的に広めた『狂った主人たち』(57)は、ガーナで苛酷な労働に従事するナイジェリア移民が、ハウカと呼ばれる憑依儀礼で日々のストレスを発散するさまを撮ったものだった。最初の劇映画となった『ジャガー』(68)は、ニジェールのソンガイ人たちがベナン、トーゴを通ってガーナの首都アクラに、まさに移民していくその道行きを描いた作品であった。
西アフリカにおいて流動するのは人びとだけではない。ガーナ、トーゴ、ベナン、ナイジェリアの海岸部では、マミワタという水の精霊が信仰の対象になっている。その儀礼をジャン・ルーシュは『マミー・ウォーター』(66)という短篇映画に撮ったが、それは国境をまたいで広がるヴォドゥン信仰の神霊のひとつである。一六世紀から一八世紀にかけて、この地域ではダホメー王国を中心に奴隷貿易が盛んにおこなわれた。ブルース・チャトウィンが小説『ウィダの提督』に書いたとおりだ。その歴史をどう考えるか地元の人たちに訊ねたところ「おれたちの先祖は北米にも、キューバやハイチなどのカリブ海にも、ブラジルにも奴隷として渡った。そういう意味では、ダホメーの文化はヴードゥー信仰を通じてグローバルに広まったんだ」といって胸を張っていた。こうした負の歴史をひっくり返してしまうようなユーモアもまた、西アフリカの人たちに固有の態度だといえるかもしれない。

†

ルーシュの提唱した「共有人類学」という言葉に象徴されるように、ソンガイ人のダムレ・ジカやウマル・ガンダといった盟友たちと生涯を通じてつき合い、彼らの即興に満ちた語り芸を、彼は自分の映画に取りこんだ。わたしが西アフリカのベナンを訪ねたとき、公用語のフランス語とネイティブな部族語とを問わず、現地の人たちが会話のなかにノンストップで笑い話を入れて、始終げらげら笑っているさまに強い印象を受けた。ジャン・ルーシュの共有人類学にとって、フィールドワークで出会う人たちは単なる知識提供者にとどまらず、長年の友人となり、彼の映画の出演者やスタッフになっていった。そこから、西アフリカの映画人が育っていったという面があることを忘れてはならない。

西アフリカの地で気になったのは、多種多様な民族が異なる言語を話すため、公用語にフランス語や英語が採用されていることだ。母国語を話すときの自由闊達さに比べて、人びとが公用語を話すときには、どうしても生硬さやよそよそしさがつきまとう。そのとき、どうしてジャン・ルーシュがソンガイ人やドゴン人の言葉で映画を撮らなかったのか、という疑問が頭をよぎった。たしかに、ルーシュが作品をヨーロッパの観客に届けるためには、フランス語でつくる方が利便性があったのだろう。それゆえ昨今の研究者は、時代的な制約もあって、彼にも植民地主義者としての一面があったと指摘している。そこには一理あるが、それよりも何よりも、やはり彼は一介の映画作家だったのではないかという当たり前のことに気づく。公用語のフランス語で映画を撮り、現地語の会話にみずからの声でヴォイスオーバーの翻訳をかぶせたのは、字幕を読めない文盲の人たちに映画を観てもらうためであり、一般の観客が撮影された映像に集中できるからだった。そのような理由から、まずはルーシュとそのカメラの関係から考えてみたい。

わたしがはじめてボレックスSBMの一六ミリフィルムカメラを購入した頃は、レンズと本体と一〇〇フィート巻きのフィルムで合わせて三・五キロくらいあるそれを持って、ヨルダン、イラク、セルビアといった地域で日記映画やエッセイ映画を撮っていた。重い油圧式の三脚も持っていたが、先鋭的な映画作家の真似をして、手持ちカメラで撮るのがもっぱらだった。左の手のひらにボレックスの鉄塊をのせて、右手でぐるぐるとゼンマイを巻く。ファインダーに目を押しつけ、空いたほうの指先でレンズの絞りとフォーカスを調整し、カメラ底部の近くにあるシャッターボタンを指で押しこむ。すると、ジャーッという回転音とともに、ワンショットで最大二〇秒から二五秒くらいの撮影ができる。ファインダーに映るイメージは暗くてぼんやりしているので、ジャン・ルーシュも指摘していることだが、裸眼の片目で現象をとらえながら、もう片方の目で見ているフレームのなかに映画の素材となるイメージをおさめなくてはならない。

下の写真を見てほしい。西アフリカの現地の人たちの群衆のなかで、ジャン・ルーシュがベル&ハウエルの「フィルモ」という一六ミリフィルムのカメラを構えているところだ［図1］。わたしが愛用してきたボレックスと同様、フィルモの一六ミリカメラは四キロ弱あり、ほとんど同じくらいの重量だ。両者ともに第二次世界大戦において戦場での記録撮影やニュースフィルムのために広く使用された。吹雪や砂嵐などきびしい気候条件に対しても強く、外的な衝撃にも耐久性を兼ね備えた頑丈なカメラである。戦後の一九四六年から四七年にかけて、ルーシュはＡＦＰ（フランス通信社）と契約を結び、西アフリカへの旅費を負担してもらうかわりに記事を書くことになった。ジャーナリストとして九か月にわたってニジェール河周辺の調査に入った。そのときに蚤の市で一〇〇〇フランで購入したのが中古のフィルモのカメラだった。原稿料が入るたびに、自分の映画のために白黒のフィルムを買ってストックしていったという。

同じニジェール河の旅の途中で三脚が壊れてしまい、その結果、自分の身体を三脚がわりに使い、手持ちカメラであるのに手ぶれの少ない、彼独特の撮影スタイルが生まれたという逸話もある。フィルモの70シリーズはマウント部分が回転式になっていて、二本か三本のレンズを装着できるターレット式である。だが写真を見てもわかるように、ルーシュは二五ミリのワイドレンズ一本を単体で使っていた。そのことによって、いつも同じ視野で撮影でき、作品に統一性が生まれたという。このことは同時に、被写体との距離を空けたり縮めたりすることで、身体の移動によってフレーム内の人物サ

図１　クマシ市場で撮影中のジャン・ルーシュ（ガーナ、1954頃）© Jocelyne Rouch

イズを決められることを意味する。つまり、撮影者の動きとカメラのフレーミングが一体となる、きわめて身体的な撮影法だといえる。また、機械式のゼンマイを巻くと二四コマで二十数秒が回せるところもボレックスと同じだが、この制約によって、ルーシュの映画は短いイメージを連続してつなげた独自のリズムをもつようになった。[1]

カメラマンとしてのジャン・ルーシュを考察するために、『私は黒人』(59)のタイトルロール前のアヴァンを見てみよう。「毎日、この映画に登場する人物たちのような若者は、アフリカの都市で生存している。彼らは近代社会のなかで居場所を見つけるために、学校を出るか家業を手伝うかをする」とルーシュによるヴォイスオーバーが語る。最初のショットでは、シャツの背中がボロボロに破けた青年が画面中央にしゃがんでおり、その背後の道路をトランクやダンプが通りすぎる。後ろでせわしなく進行する社会に対して、左腕を目的もなく伸ばし、宙空をぼんやりと見つめる彼は世の中から取り残されているような印象を受ける。彼の下半身をフレームで切った不自然なフルショットであるが、手持ちカメラだとわからないほど安定している。

後続のショットは、ルーシュの目高から、その男の横で舗道の地べたに寝転がっているふたりの男(この映画の登場人物たち)を見せる。先行ショットの不自然な構図は、このふたりをフレーム外におくためだったのだろう。三カット目と四カット目になると、男たちの反対側からカメラが切り返し、寝そべって楽しげに会話する男たちをウェストショットでおさめる。驚くことに五カット目になると、手持ちのカメラが寝そべる男たちとしゃがんでいる男をナメながら、そのむこうにある道路の反対側までなめらかにパンアップする。ワイドレンズを使ったパンフォーカスだが、非常に劇映画的なショットである。

この冒頭部分を見るだけでも「身体を三脚がわりに使う」という表現が、伊達ではないことが理解できよう。これをおこなうためには、それ相応の筋力と体の芯の強さ、そして訓練が必要である。むろん四キロ近いフィルモのカメラの重量が、重心の安定性をとるのに寄与したということもある。『私は黒人』のジャン・ルーシュは、手持ちカメラを使ってはいても、手ぶれによる効果を狙っているわけではない。緻密にフレーミングされたショットを積み重ねつつ、効果的なカメラワークを使っている。『私は黒人』は、素人の俳優に自分たち自身の生活を演じてもらった手法ばかりが注目されるが、各ショットの映像とそれらを編集している時点ですでにフィクション的だといえる。それでは、どうしてルーシュは二五ミリなどのワイドな単焦点レンズを使い、手持ちカメラでの撮影を好んだのか。出稼ぎのニジェール人たちが眼前でおこなう即興的な演技を、彼もまた即興的に撮影しているが、そこには劇映画に特徴的なカメラワークとモンタージュへの意志が見られる。それこそが、ルーシュの「エスノフィクション」の特徴ではないか。彼が手にもつフィルモの内側では、カメラの前で起きる事実を撮影する記録的な方法と劇映画的なカメラワークが、不可分なかたちで融合しているようだ。そのようなカメラと身体の関係性は、ひとりルーシュだけに見られる特徴だったのだろうか。

†

デジタル時代のヴィデオカメラでも多少そのような面はあるが、やはりフィルム時代のカメラには、サックスやギターといった楽器のように、何度も何度も自分で撮影をくり返し、手で触りつづけて演奏できるようになるまで習熟する必要があった。これはわたしの実感レベルでもいえることだ。撮影に入るまでに所定の段取りを踏むフィクションとはちがい、記録的な映像を撮るためには、対象の動きにあわせて身体がとっさに反応できなくてはならない。ダークバッグのなかで手さぐりでフィルムを装塡し、ゼンマイを巻き、ズームレンズでフレームを決め、露出とピントを合わせてシャッターを回すという一連の動作が、無意識のうちにおこなえるところまで訓練する必要があるのだ。さらに、その場で次に何が起きようとしているのか、数秒先、数十秒先のできごとを予測する動物的な直感を磨くことも重要であった。

人は得てして、映画作品に撮られたショットやそのカメラワークを、監督が頭のなかで考えたことが一〇〇パーセント実現されたもののように思いたがる。だが、それはあまりに実状からかけ離れている。気象条件、光の当たり具合、被写体の置かれた状況やその日の状態、撮影者の立つ場所やアングル、カメラの調子の善し悪しなど、撮影現場に生じる不都合なできごとを撮影者は取りなしながら、柔軟にかつ繊細に自分の身体とカメラをその場の状況に順応させ、撮れる映像をなるべく良いものにするために指先を駆使する。ティム・インゴルドの著書を引きあいにだすまでもなく、それはワンショットワンショットを積み重ねていく職人《アルチザン》の手仕事の世界である。

一九一〇年代から北極圏カナダのハドソン湾で、イヌイットの人たちを撮っていたロバート・フラハティは――「必要は発明の母」だったのだと思うが――水に落としてしまったカメラをいったん分解して、もとに組み立て直せるほどにカメラの機構に精通していた。彼はフィールドに現像用の道具一式と映写機を持っていったので、現地でフィルムを自家現像することができた。卑近な例ではあるが、富士フイルムのシングル8の販売と現像が中止になったので、わたしは知人の助力を得て、未現像だった五〇フィート巻きの八ミリフィルムを自家現像したことがある。カクテルシェイカーのような銀色の鉄の容器に入れて、フィルムを現像液に浸したあとで水で洗い流し、定着液に浸したあとでまた洗い流すといった工程を経る。現像にムラがでないようにフィルムと液体の入った容器を両手で左や右に傾けて、溶液が流動的な状態にあり続けるようにしなくてはならなかった。それは赤子を両手に抱いてあやすような状態にも似ている。現像後には、乳剤面に残ったかすを専用のスポンジできれいに拭き落とすという、かなり手間のかかる作業もある。最近は『極北のナヌーク』(22)を観ても、鼻水が氷るような北極圏においてフラハティがおこなっていた現像作業の労苦のことばかりを考えてしまう。

ジャン・ルーシュが六歳のときに生まれて初めて観た映画は、まさにフラハティのこの『極北のナヌーク』だった。彼の父親は海軍の将校で、のちに気象学者となり、パリ大学で教鞭をとったり、フランスの南極探検に同行したこともある人物だ。「わたしは絵を描いたり、写真を撮ったり、調査をしたりすることが好きな両親のもとで育った」とルーシュはいう。[2] そんな彼は、フラハティが北極圏の現地でおこなった手作業に注目して、そこに映像人類学的な意義を見いだした。フラハティは滞在していたハドソン湾の小屋のなかに暗闇の現像室をつくり、さらに現像したての映像をスクリーンに映写して、イヌイットの人たちに見せたのだ。その行為は、後年に文化人類学者たちが盛んにおこなうようになった「参与観察」の先駆けという面もあり、とりわけルーシュにとっては重要な意味をもつ、撮影対象となった人たちに「フィードバックする」ことの発明だったと指摘している。[3]

そのようにフラハティの映画の方法について考察したうえで、ジャン・ルーシュはもうひとりの師とあおぐジガ・ヴェルトフを召喚する。彼はヴェルトフの映画『カメラを持った男』(29)を一九三八年か三九年のはじめ、二〇歳余のときにアンリ・ラングロワが主催するパリのシネマテークで観ていた。「われわれは一九二〇年代のフラハーティ、あるいは、ヴェルトフのように、あらゆる文明の間の境界を取り除く、新しい言語の規則を再びつくりあげなければならない」[4]とまで彼はいうのだが、このふたりの先駆者はルーシュの撮影実践のなかで、どのように結びついていたのか。

私にとって唯一の撮影方法は、カメラをもって歩き回り、最も効果的な場所にもっていって、写されている人と同じような生き生きとしたカメラの動きを即座につくることである。これがヴェルトフの「映画の眼」についての理論と、フラハーティの「参加するカメラ」の理論との最初の統合である。私はしばしばこのダイナミックな即興を雄牛の前の闘牛士のそれと比べる。この両者はともに前もってなにも教えられておらず、闘牛士のなめらかな動きは、主題の動きと完全に釣り合いを保って動きながら撮影するときの調和に似ている。〔……〕彼はもはや自分自身ではなく、「エレクトロニックな耳」をもった「機械的な目」となる。フィルム制作者のこの奇妙な変化の状態を、私は、魅いられたような現象から類推して、「シネ・トランス」と名づけている。[5]

ジャン・ルーシュがいうところの「シネ・トランス」は、ふつうの場合、彼が撮影した西アフリカの憑依儀礼と関係が深いものと理解されてきた。内陸部から沿岸部の象牙海岸《アイボリー・コースト》（現コートジボワール）に出稼ぎ労働にでていたニジェール人たちが、動物の供儀やはげしいダンスをともなう儀礼のなかで精霊たちに憑依され、それを撮影する側のルーシュもカメラに取り憑かれたようになって無心で撮影する状態のことである。あるいは、彼のもったカメラがその場所に介在することで、儀礼に参加する祭司たちのなかにトランス状態が起きてくる現象を指すときもある。しかし、そこにはもうひとつ別の側面があるのではないか。つまり、経験を積んだ撮影者が、現場の状況に即興的に反応するときにおこなう「相互作用」の側面のことである。

西アフリカでジャン・ルーシュ自身を撮った何枚かの写真、彼を撮ったドキュメンタリー映像[6]、そして彼の映画自体から伝わってくるイメージを綜合してみよう。彼の大柄な体軀でフィルモを手に持つと、一六ミリフィルムのカメラが小さく見えるくらいだが、それを体の芯と平行にするように左手で支える。ある程度の重量があるカメラのほうが安定したショットが撮れるものだが、それにしても『コケコッコー！　にわとりさん』（74）では、サヘル地帯の未舗装の道路を手づくりの車で走りながら、ルーシュは車窓からカメラを持った腕を突きだし、ほとんど手ぶれしない状態で前方を撮っており、その腕力には驚かされる。ジガ・ヴェルトフは「わたしはキノグラースだ、わたしは機械の眼だ」といったが、撮影者としてのルーシュに関しても、そのようなカメラと身体が一体となった自動性について考えてみる必要があるだろう。

荒れ狂った牛が次にどのような行動にでるかを敏感に察知するために、闘牛士は牛の意識に自分を浸透させながら、ふだんとは異なる意識状態で行動をとらなくてはならない。同じように、ジャン・ルーシュがシネ・トランスと名づけた行為には、無意識のうちに一連のカメラ操作をおこなえるほど、機械としてのカメラと自分の身体を同期させる必要があった。彼はヴェルトフを師としてあおぎ、カメラを身体の一部のようにあやつることを理想としていた。それが「カメラを持ったジャン・ルーシュ」の記録映像的な側面であるとすれば、眼前に見える現実を劇映画的にフレーミングされたショットに撮り、映画的に計算されたショットの組み合わせ《モンタージュ》にしようと意図するルーシュもそこにいる。手持ちカメラの前で生じる状況の流れを損なわず、それと調和《コレスポンダンス》しながら記録することを重視しつつ、自分の映画のショットやシーンを若い頃からシネマテークで観てきた数々の古典的な劇映画に近づけようと努力すること。つまり、ジャン・ルーシュの映画におけるドキュメンタリー性とフィクション性の同居は、ベル&ハウエルを持ってファインダーをのぞきこむ「カメラを持ったルーシュ」の内側で起きていたことなのだ。そこに彼の映画がドキュフィクションやエスノフィクションと呼ばれ、映像の記録性と虚構性の二者がわかちがたく結びつけられていることの起源があるのではないか。「民族誌的なフィクション」というのは、長年にわたって民族誌的な調査のなかで事実を収集して、それに基づいた虚構的な物語を編みだしているという意味である。[7]

両者の境界は必ずしも明確ではない。比喩的にいえば、二次元では表面も裏面ももたないメビウスの輪があり、三次元では自己交差することで内部と外部の区別をもたないクラインの壺がある。いずれにせよ、フラハティやルーシュの映画では、記録的に撮影するうちに虚構が入りこみ、虚構の物語をつくるうえで記録的な映像を活用する。そして、どこからが虚構でどこからが記録的であるかが区別されないまま、メビウスの輪のうえでくるりくるりと反転をくり返しながら表面を移動していく。それは、みずからがカメラマンであったジャン・ルーシュが構えたカメラの内側で起きていたのである。

『ジャガー』

たとえば、フィクションに分類されている『ジャガー』の冒頭のクレジットロールを見てみよう。最初のショットは、ちぎれ雲がひとつふたつ浮かんでいる西アフリカの晴れ空からはじまる。そこからカメラがゆっくりとパンダウンすると、サハラ砂漠の南部に位置するサヘル地帯らしい乾燥した樹木と茂みが映像で示される。そのショットは劇映画的なカメラワークをもつが、微妙にぶれがあるので手持ちカメラで撮られたのだとわかる。

二カット目からタイトルがはじまり、樹木や草原、砂漠やヤギの群れをアップやロングなどフレームサイズを変えながら撮り、主人公のひとりであるラム・ディアが登場するまで舞台になる土地を描写していく。それらの固定ショットもすべて手持ちカメラだ。劇映画的な編集の組み立てをしているが、各ショットにはそれを撮影したジャン・ルーシュの気配が息づいており、彼の存在を背後に感じさせる。冒頭一分の映像を観るだけでも、記録性と虚構性がせめぎ合っていることに気がつく。

長篇の第一作『ジャガー』は一九六八年に発表されたので、五六年から五七年にかけて六か月間にわたって撮影され、翌五八年に完成した『私は黒人』よりも後年の作品だと思われがちだが、実際には『私は黒人』よりも前に撮影されている。独立前の黄金海岸《ゴールド・コースト》（現ガーナ）に滞在していたルーシュが、五四年二月から五五年一月までおよそ一年をかけて撮影したのだが、ヴォイスオーバーのコメンタリーを吹きこんだのは五年後の一九六〇年だった。ルーシュはポスト・プロダクションを進めるための資金調達で苦労したらしい。『狂った主人たち』がたった一日で撮られたのに比べると、『ジャガー』は撮影にも製作にも時間がかかっており、最初のフィクション作品として難産ののちに生まれたことがわかる。

この映画は、乾燥したサヘル地帯からギニア海岸沿岸の熱帯雨林の地域へ、三人の男たちが出稼ぎ労働者として旅をするロードムービーである。主人公はジャン・ルーシュと個人的に親しい関係にあったソンガイ族のダムレ・ジカ、ラム・ディア、イロ・ゴーデルの三人がつとめている。ダムレはもともとはソルコ（ニジェール河の漁師）の家系で、カバ狩りの狩人だった。ルーシュが最初にニジェール河流域の調査をしたときに同行し、その後はテープレコーダーの操作もおぼえて、一九五三年に撮影された『狂った主人たち』では録音を担当している。録音技術の研修と口述伝承の筆記を身につけるために、ユネスコによってパリに派遣されたこともあり、その後のルーシュの映画には欠かせない長年の協力者で友人となった人物である。

『ジャガー』の舞台を地理的に見ると、ニジェール西部のニジェール河に面したアヨルという市場の町をソンガイ族の三人が出発して、徒歩でダホメ王国（現ベナン）の北部にあるナティティングー県のソンバ族の村を訪ねる。そのあと南下した三人が初めて海を見るシーンは、トーゴの首都ロメの近郊である。その地でガーナ側に国境を越えるシーンも撮り、そこで三人は散り散りに別れて、ダムレはアクラという都市に向かい、ラムとイロはギニア湾沿いのケタという町に行き、そのあとでクマシにも行く。三人が日雇い労働者や卸売業者の仕事をして、地元に帰るまでの数か月の冒険を描いていき、最後に彼らは自分たちの村にさまざまな商品を持ち帰ることで、大きな栄誉を手に入れることになる。

この映画では、三人が何か月もかけて徒歩でガーナまで旅する設定になっているが、実際にはジャン・ルーシュが運転するランドローバーの自動車で移動しながら撮影していった。少人数のドキュメンタリー的な撮影クルーといっていい。ルーシュは従来のドキュメンタリーの方法だけでは、ニジェールから海岸地域にでる出稼ぎ労働者の経験を映像で表現するのはむずかしいと考えた。そこでダムレたちと車で移動を続けながら、出稼ぎ労働者の旅を演じてもらう方法をとった。この辺りにも、すでに無くなっていた銛での漁法をイヌイットに再現してもらい、サモアで滅びかけていた入れ墨の伝統をわざわざ復活させたロバート・フラハティのような、虚構を駆使してでも、その共同体がもっていた経験の本質を映像に定着しようとするルーシュの姿勢が見られる。また、彼はこの映画を即興と偶然に基づいて撮ることにした。まず、三人の出演者と話しあった結果、「アヨルの町を出発して最後には同じ町に帰還し、すぐに持ち帰ったものをすべて村人たちに振る舞ってしまう」という物語の骨格だけが決まった。そのほかの映画内で起きることはすべて、彼らが旅をつづけながら、その場の状況に応じて相談し、即興的なパフォーマンスとして演じたものだ。

ジャン・ルーシュは「カメラと人間」でも書いているが、フラハティのように撮影した人たちにその映像を見せるフィードバックをした結果、「人類学者が、もはや、彼の主題を昆虫学者が虫でも見るかのように（見さげて）観察しているのではなく、相互理解（それゆえに敬意）を促進させる」効果があることを発見した。[8] そのように知識提供者たちと共有される映像は、ルーシュによる近代的な機械の眼と、彼の近しい協力者で友人たちであるダムレ、ラム、イロたちがもつ西アフリカの文化的伝統とが混ざりあうなかで醸成されていったのだ。そこには、さまざまな本筋からの脱線や即興的なユーモアに支えられた独特の知恵のようなものが染み渡っている。

はじめのうちは、私も自分の映画に解説のナレーションをつけていましたが、『ジャガー』や『我は黒人』では、出演者自身が映像を見ながら語ったコメントを入れるというやり方を試し、また、『弓矢でライオン狩り』などの作品では、狩人たちの言うことを翻訳して音声で流しました。字幕をつけることをしなかったのは、まず、私がそれらの映画をアフリカでもしばしば上映することがあり、人々は文盲であるため、字幕を読むことができないからです。私は文盲の人々を尊重します。字幕をつければ、彼らは内容が理解できなくて、欲求不満になってしまうでしょう。[9]

このように『ジャガー』では解説的なナレーションの代わりに、仮編集された音のない映像を見ながら、ダムレとラムのふたりが会話をし、即興的に吹きこんだヴォイスオーバーの声が使われている。字幕の文字ではなく、西アフリカの文盲の人たちでも視聴できるように音声を入れたのは、西洋人がアフリカ人の映像を一方的に搾取するのではなく、それをフィードバックして彼らのもとに返すことを意図していたからだ。ルーシュがここでその音声トラックを、ダムレたちの「コメント」と呼んでいることに注意したい。彼らが『ジャガー』に吹きこんだのは、映像において何が起きているのかを説明するナレーションではなく、少し離れたところから映像を解釈したり注釈したりする「コメンタリー」であった。彼らは数年前にルーシュと旅をしながら撮影したできごとを思いだしつつ声を吹きこんだ。それと同時に、この作品におけるフィクションの枠組みを音声トラックの言葉によって補足するという目論みもあっただろう。その結果、単純に音声トラックが映像トラックを補完して従属するのではなく、両者が均衡した力を保ちながら、映像と音声が相互作用する新鮮なイメージが生みだされている。

ダムレたちの録音の一度目は、一九五七年にガーナのアクラの町にある録音スタジオでおこなわれ、二度目は六〇年におこなわれたという。このふたつのパフォーマンスを組みあわせて、ルーシュは六七年のヴェネチア国際映画祭に『ジャガー』を出品するべく、約一〇〇分のサウンドトラックに仕上げた。音声は二度の異なる時期に録音されたが、ダムレとラムは容易に映画のなかの登場人物になりきり、そこに環境音や音楽やスタジオでつけられた効果音が重ねられていった。

この音声トラックの構築方法と大いに関係のあることだが、『ジャガー』には虚構性と記録性が交錯して、映像と音声による得もいわれぬイメージが現出する箇所がいくつかある。たとえば、冒頭で三人を順番に紹介していくシークエンス。映像的には、ラムがサヘル地帯の草原で大きな帽子をかぶり、牛飼いとしてたくさんの雄牛を追っている姿が、歯切れのよい短いショットで積み重ねられる。ヴォイスオーバーの声がラムの本名と彼の仕事が牛飼いであることを紹介し、つづいてラム自身がインタビューに答えるようにカメラのほうを向いて「いま弟と一緒に、牛たちを川まで導いているところなんだ」と説明する。ここまではドキュメンタリー部といっても問題はないが、当時はまだ同時録音ができなかったので、ラムの声は疑似シンクロであとからかぶせた声である。

さらに両者が交錯するのは、三人がニジェール河に面するアヨルの市場を出発するシーンである。ここでは三人がなぜニジェールを出発し、ギニア湾岸の都市に出稼ぎにでるのか、その動機が語られる。それは出稼ぎから帰ってきた男たちが、家をもち、カード遊びにふけり、自分たちよりも良い暮らしをしているように見えるからだ。映像では、ダムレたちが出稼ぎ帰りの男たちと語らうところを見せてから、三人がどのルートで行くかを決めるためにシャーマンの女性に占ってもらう場面がつづく。ルーシュは短いショットをつなぎ、この女性がたらいの水の前でホレ（holé）という精霊に取り憑かれ、託宣を述べるところを記録的に見せている。そこに音声のコメンタリーで、ダムレとイロの声が「おれたちはどれが正しい道なのか知りたかったんだ。食料を買うためのたくさんの金を持って故郷にちゃんと戻ってくるために」という。シャーマンの占いを撮った記録的な映像に対して、ヴォイスオーバーが映画の物語的な設定をつけ加えていることがわかる。

†

『ジャガー』という映画がもっともドキュメンタリーに近づくのは、三人がニジェールから南へ向かう途中で隣国のベナンに入ってからである。ベナンに入るとすぐに、彼らは事故に遭って道路沿いでひっくり返っているトラックに出くわす。映画撮影のためにそのトラックを用意したとは考えにくいので、偶然に出会った事故を映画のなかに取りこんだのだろう。そのあと、一行はベナン北部にあるソンバ族の村を訪れる。ジャン・ルーシュはソンバ族の城のような独特の建築様式をもつ家を見せ、ラムはその屋根に登ってみせる。ソンバとは「裸で歩く人間」を意味し、実際に彼らは一九七〇年代になるまでは男性も女性もほとんど全裸同然で暮らしていた。ソンバの人たちが鼻につけている金属のピアスや、唇に刺している獣の牙や骨でつくったピアスを、ルーシュのカメラはクロースアップで次々にとらえて詳細を見せてくれる。

きわめつけは、ソンバ族の人たちが数百人集まっている市場を撮った記録映像である。帽子や装身具はつけているものの、ほとんどの人たちが丸裸に近い状態で、男性は狩猟中に大切な性器を傷つけぬように、ペニスの先に長く、尖ったかぼちゃの茎で作られたカバーをつけている。それは種族の男として一人前になった印でもある。笛を吹き、リズムをとるパーカッションが演奏され、人びとが輪をつくって唱和しながら、ソンバ族の男たちによる伝統的なダンスがカメラの前でくり広げられる。このシーンにおける黒人たちのダンスはとても優美であるし、その場にいる人たちの表情をアップでとらえたルーシュのショットもすばらしい。映像は完全にドキュメンタリー映画のそれであるが、そこにダムレとイロのヴォイスオーバーの声が、「彼らが全裸だからといって馬鹿すにることはできない。神が彼らをそのようにつくったんだ。神は俺たちを服を着るようにつくった。だから彼らのことを笑うべきではない」とコメントをつけることで、ガーナに向かう三人のソンガイ族の男たちの物語のなかに取りこんでいる。

それとは反対に、トーゴから国境を越えてガーナに入ったあとは、フィクション寄りの場面が増える。前述のように、ダムレはひとりアクラに向かい、読み書きが堪能なために現場監督に抜擢される。海沿いのケテに向かったイロとラムは、対照的に肉体労働や露天商などの仕事を転々としたあと、ダムレとアクラで合流する。だがそれは、映画撮影のためにカメラの前でやってみせた労働であり、実際にはその仕事からの賃金は受けとっていない。その代わりにダムレはニジェールの公務員として給与を受けとっていたし、他のふたりにはルーシュの映画の予算から賃金が支払われていた。[10] このような点では『ジャガー』は明らかに虚構の物語であり、台本を用意しないフィクション映画であった。

会計の仕事ができたために、ダムレは収入がよくて現場でも重用され、ニジェールからの出稼ぎ労働者における成功例として描かれる。ダムレが市場の通りをタバコをゆっくり吸いながら、悠々と歩いていく場面のバックに「ジャガー」というヒットソングがかかる。短く髪を刈ったダムレがジャガー風の歩き方をやってみせるところを、ジャン・ルーシュは一連のショットでつないでいる。道行く人たちが彼のことを見て、彼も人びとのことを見る。ニジェールから出稼ぎにでたソンガイ族の若者たちが、ギニア湾岸の都会において抱く空想は、おしゃれな伊達者である「ジャガー」になることだ。これがそのまま映画のタイトルになっている。ダムレたちがコメンタリーで話すように「ジャガー」はフランス語の「ザズーマン」と同様の意味で、紳士のことであり、アフリカ系アメリカ人のジャズマンたちを連想させるスタイルや態度のことである。

ところで、この映画にはほとんどヨーロッパ人が登場しない。旅する主人公たちはニジェールのソンガイ族の男たちであり、彼らはベナンでソンバ族に出会い、アクラの町では西アフリカの各地から集まってきた出稼ぎ労働者のヨルバ族やアシャンティ族やガ族と邂逅する。それから、ガーナの西部にあるプレステアの金鉱に立ち寄り、ソンガイ族と近縁にあるザルマ族が鉱夫として働いているのを見つける。実はジャン・ルーシュは『ジャガー』を撮影する三年前にも調査旅行をしており、この金鉱でザルマ族の出稼ぎ労働者たちの写真を撮っていた。『ジャガー』で明確に示されることはないが、こうした多様な人びとが海岸地域へ出稼ぎにでるのには、いくつかの要因があった。第一に、内陸部のサヘル地帯の気候条件では農業収入が不安定であったこと。そして独立前の植民地では、宗主国から重い税金が課されていたという経済的な問題もあった。ルーシュのロマン主義的な見方によれば、そのような現実的な要因のほかに、何よりもソンガイやザルマの人たちには見知らぬ土地に冒険にでようとする欲望があったという。[11]

『ジャガー』という映画を観てわかることは、独立前の西アフリカの人たちがすでに、政治的にも経済的にも大きな資本のシステムに結びつけられていたことだ。ジャン・ルーシュは、彼らが出稼ぎ労働を通じてシステムに搾取される側としてではなく、旅を通じてそれに飛びこんでいく積極的な参加者として描いている。むろん、彼らは金銭と物的な商品を求めてギニア湾岸に行くわけだが、そのこと以上に抑えがたい移動への好奇心をもっていた。それを描くためには、ドキュメンタリーの手法を逸脱し、物語的な枠組みをもたせて、演出や演技などのフィクションを織り交ぜたロードムービーにする必要があった。それが、映画のラスト近くでコメンタリーの声がつぶやくように、彼ら「近代社会における英雄たち」の姿を描く方法だったのである。

『ジャガー』の撮影が終わった約二年後の一九五六年一一月に、ジャン・ルーシュは当時はフランス領で象牙海岸と呼ばれていた現在のコートジボワールに移住して、移民に関する調査に本腰を入れることになった。『ジャガー』の主要テーマであった、ニジェールやベナンや他の西アフリカ各地からギニア湾岸の都市に集まる出稼ぎ労働者について、研究を深化させようとしたのだ。調査や研究といっても、ルーシュにとってのそれは映画を製作することを意味した。それからの四年間、彼は首都のアビジャンを拠点にして旺盛な創作活動に没頭することになる。一九五七年に、湾岸の都市アビジャンに暮らすニジェール人の労働者たちに『ジャガー』の映像を見せたところ、「ガーナのクマシで起きていることよりも、アビジャンのトレイシュヴィル地区で起きていることのほうが興味深いはずだ」といわれて、その地区の平日と休日を対照的に見せるドキュメンタリーをつくろうとしたのが始まりだという[12]。

長篇映画の二作目『私は黒人』は五七年に六か月かけて撮影され、編集やポスト・プロダクションなどを経て五八年に完成している。五〇年代はまさにヨーロッパの植民地であったアフリカ各国で独立運動が盛りあがりを見せた時期であり、当時の西アフリカは政治的な変革期をむかえていた。指摘しておきたいのは、この作品が最初はドキュメンタリーとして構想されたことと、前作の『ジャガー』と切っても切れない関係にあることだ。『私は黒人』は製作時のタイトルが「トレイシュヴィルのザズーマン」であった。

トレイシュヴィル地区はこの映画のなかで何度も登場するように、アビジャンの外れにある下町である。ザズーマンは『ジャガー』のダムレ・ジカたちの語りにもあるように俗語であり、いなせな髪型をして、ゆっくりタバコをふかしながら通りを歩く、洒落っ気のある男のことを指す。『ジャガー』では、ソンガイ族の出稼ぎ労働者たちがニジェールを出発して隣国のベナンやトーゴを旅し、ガーナの都会で一旗あげるという物語であったが、『私は黒人』ではコートジボワールのアビジャンに舞台を変えて、若きジャガーたちの物語をルーシュは反復しようとしたのである。タイトルロール前のアヴァンにおけるヴォイスオーバーで、ジャン・ルーシュはこの映画が移民労働者の若者たちと協力して、彼らが自分自身を演じる即興的な演技によってつくられたことを説明する。『ジャガー』におけるダムレ・ジカたちは、出稼ぎ労働者の経験を掘り下げるために、自分の職業ではない他人の役柄を演じていた。ところが『私は黒人』になると、そこから一歩踏みこんで、ルーシュは彼らにカメラの前で自分の生活を開陳し、自分自身を演じることを求めたのである。

本作の主人公である「エドワード・G・ロビンソン」ことウマル・ガンダは、ニジェール西部やベナンに暮らすザルマ族の出自をもつのだが、映画のなかでは、ニジェールの首都ニアメからでてきた一般的なプロレタリアートの若者として紹介されている。映画内のヴォイスオーバーの語りや資料によれば、ウマル・ガンダは一六歳のときにフランスの植民地軍に入隊してインドシナで兵士として四年間をすごし、一九五五年にニジェールにもどったが仕事はなかった。コートジボワールのアビジャンで仕事をさがすために移住したが、アビジャンの出稼ぎ労働者たちの生活は貧困にまみれ、搾取されていた。一九五〇年代の西アフリカでは、木材、ココア、コーヒーといった主要産物を海外に輸出しており、そのための労働力が求められていた。彼らはトレイシュヴィルにある「ニジェール人協同組合」の家に二〇人ほどで住み、運搬人、織物の訪問販売、港湾労働者、木材伐採、工事現場の土木作業員などの日雇い仕事を見つけるために毎日苦労した。彼はひとりの「ボゾリ（日雇い労働者）」にすぎなかったのだ。冒頭のジャン・ルーシュによるヴォイスオーバーの声は、彼ら労働者の若者は「アニミズムと機械化のあいだ、イスラムとアルコールのあいだにとらわれ、伝統的な信仰を捨てたかわりにボクシングと映画という新しい偶像を崇拝している」とコメントする。『ジャガー』の登場人物たちが都会から帰還するための伝統的な村をもっていたのに対して、『私は黒人』の人物たちは徹底的に近代化しつくされた、逃げ場をもたない都市部の労働者として描かれる。

そのことを映像的に例証するかのように、『私は黒人』の冒頭のいくつかのシーンは、欧米からの影響を受けたアビジャンの近代的な様相を見せていく。アビジャンはギニア湾岸の潟湖《ラグーン》やその島からなる水の都市だが、その風景を見せながら、アフリカ的なアクセントで歌うフランス語の曲が、どれだけアビジャンが美しいかを歌いあげる。工業と商業の中心であるル・プラトーの対岸に、この映画の舞台となる下町のトレイシュヴィル地区がある。高層ビルや市場のある町を主人公のエドワード・G・ロビンソンことウマル・ガンダが歩いていき、日雇い労働で稼いだ二五フランのうち五フランを渡し舟に払って、対岸にあるトレイシュヴィル地区に帰っていく。手持ちのカメラながら劇映画のようにテンポよく編集された映像に、ガンダ本人が自己紹介のヴォイスオーバーを重ねる。それによれば、彼が「ロビンソン」のあだ名を使っているのは、その映画スターとの類似性はあまりないのに友人たちが似ているというからだ。

エドワード・G・ロビンソンは、『犯罪王リコ』(31)や『キー・ラーゴ』(48)などの代表作がある、ハリウッドのギャング映画やフィルム・ノワールで活躍した俳優である。週末の夜のアビジャンには、パリかシカゴかと見まがうようなネオンサインが灯り、いくつもの手描きのカウボーイ映画の看板や『クオ・ヴァディス』(52)や『バグダッドの盗賊』(40)といった映画のポスターが貼られている。夜のバーの場面で主人公たちが聴くいくつかの歌は、カリブ海の音楽に影響を受けているようだ。この映画で、ジャン・ルーシュはアビジャンにある店の看板を実に多く撮っている。ウマル・ガンダたちが週末に出かける生演奏で踊れるバーは「希望(L'esperance)」であり、彼が朝早くからビールを飲んで、代金を払えなくて追いだされる店は「メキシコ・バー」である。背中の破れたシャツを着て歩くほど貧しい、アビジャンにおける西アフリカ各地からの出稼ぎ労働者たちは、この都会がもつコスモポリタン的な文化の影響を受けている。彼らは自分の本当のアイデンティティを隠すためか、それとも空想にひたるためなのか、欧米の映画スターや登場人物の名前をニックネームに採用するのだ。

もうひとりの主人公であるエディ・コンスタンティーヌを演じるプチ・トゥーレは、女性向けの輸入服飾品の行商として登場する。エディ・コンスタンティーヌは、フランスのB級映画において人気を博したアメリカの俳優である。『危険なエージェント』（53）や『左利きのレミー』（61）といったハードボイルド作品に出演し、人当たりのいい語り口で、口先のうまい誘惑的な話し方をするFBIの諜報員レミー・コーションの役を演じた。沖仲士や日雇い労働者など実際の仕事を映画のなかで演じているウマル・ガンダとちがって、トゥーレは実際には路上の行商人ではなく、コートジボワールとガーナの国境沿いにある町のオフィスで働く事務員であった。ジャン・ルーシュは出稼ぎ労働者を研究調査するためのアシスタントとしてガンダとトゥーレを雇い、その延長線上でふたりは『私は黒人』に出演することになった。三人目の「ターザン」のあだ名で呼ばれるアラサーヌ・マイガは、元はボクシング選手であったが、当時はタクシー運転手をしていた。ガンダが自分の妻にしたいと望むドロシー・ラムールの役は、クレジットロールを見るとマドモアゼル・ガンビという女性が演じたようだ。

†

ジャン・ルーシュが『私は黒人』においてとった方法は、『ジャガー』にとてもよく似ている。だが、より記録性と虚構性が複雑にからまった映像テクストになっている。彼はこの映画を撮るために、ニジェール人たちの行動を六か月以上にわたって追いかけた。出演者は自分たち移民の生活を即興的に演じるためには、カメラの前で何をして何を話してもいいといわれた。いうなれば、ルーシュはカメラを構えてそこにいることで、出演者たちに「自分が演じたいと思う登場人物になること」をうながした。労働者としての彼らの生活を撮っている点では記録的だが、彼らが自分自身を演じているという点ではフィクションである。注意したいのは、ルーシュが物語映画をつくるために、ウマル・ガンダやプチ・トゥーレたちを演出したわけではないことだ。ここでも『ジャガー』と同じように、ルーシュはアビジャンの出稼ぎ労働者の内面的な経験を深いところで描くために、あえてフィクションの手法をとっている。

何よりも映画内の時間の流れがフィクションの構造をもっている。撮影が終わったとき、ジャン・ルーシュは半年分の映像素材を手にしていた。それを編集する段階で、平日の労働からはじまり、土曜の午後に楽しい週末がきて、また新しい週の平日がはじまる二、三日のできごととして構成した。ウマル・ガンダたちが海の砂浜で遊び、ボクシングの試合を観戦し、生演奏の聴けるバーで女の子と踊り、サッカーの試合を観る様子は、とても貧しいアビジャンの平均的な出稼ぎ労働者の身に起きる三日間のできごとには思えない。つまり、数か月分の映像素材をここに詰めこんだのであり、濃縮された週末のシークエンスになっている。平日の苛酷な労働と、週末の自由な空気をはっきり対比するには、この構成がたしかな効果を生んでいる。

それでは、サイレントで仮編集した映像に、あとからヴォイスオーバーで登場人物たちの語りをかぶせる『ジャガー』と同じ手法は、この映画では効果的だったのだろうか。前述のように『ジャガー』の撮影のほうが三年早かったが、『私は黒人』は七年も早く一九五八年に発表されている。社会人類学者のポール・ヘンリーは、そのため『私は黒人』は『ジャガー』を追い越して次の点において画期をなす作品となったと指摘する。

ルーシュの『ジャガー』が未完成でシネマテークで試写もされていなかったことを考えれば、『私は黒人』は一般のフランス人の観客が、アフリカ人が自分たちの人生の経験を自身の声で語るのをきいた初めての長篇映画であったことは事実である。[13]

『ジャガー』においてダムレ・ジカやラム・ディアがしたように、『私は黒人』ではウマル・ガンダやプチ・トゥーレが、仮編集されたサイレント映像がスクリーンに投影されるのを前にして、それに合わせてコメンタリーの声を録音していった。たしかに近代的な都市で暮らすロビンソンは映画の全編にわたって、低賃金で苛酷な労働をさせられ、路面に寝そべって昼寝をし、自分には人並みの男みたいに結婚することも家族をもつこともできないと愚痴をこぼしている。しかし、その即興的な語りのパフォーマンスは『ジャガー』を上回るすばらしさがある。ときにはモノローグ調で、ときには活発なやりとりをしながら、ふたりは登場人物の内面を表現するために、活き活きとしたヴォイスオーバーを吹きこんでいった。アフレコであるのに、時おり完全に映像と音声がシンクロしているように見える場面もある。ところが、ラストに近いシーンで判明するように、トゥーレは警官に暴行した容疑で刑務所に三か月入ることになった。そして彼が出所するのを待ってから、映画用のコメンタリーをラジオ・アビジャンのスタジオで録音することになった。その影響もあるのか、ヴォイスオーバーが語る内容は、冒険心やユーモアにあふれていた『ジャガー』のそれに比べて、深刻で憂鬱な印象を与える。刑務所入りの影響で、話者たちが人生のネガティブな面を見るようになっていたからだ。

都会の出稼ぎ労働者の生活を描いた作品であるが、この映画においてもっとも民族誌映画としての価値をもつのは、何といってもグンベ（Goumbé）を描いたシークエンスだろう。日曜日、選挙の投票に関心をもたないロビンソンとエディ・コンスタンティーヌは、サッカーの試合を観戦しにいく。そのあとで、グンベに参加する人を集めるべくトランペットを吹き、パーカッションを叩き、通りを練り歩く群衆に合流する。そして、野天でのダンス・コンテンストがはじまる。ヴォイスオーバーの注釈によれば「グンベは楽器を演奏するバンドと踊り手たちからなる一種のクラブだ。メンバーになるためには五〇フランの月会費を払う。コンテストの日にはダンス・クィーンを決定し、彼女をラウドスピーカーのついた車に乗せて歌をうたわせる」という。グンベを組織する若者たちは、その多くが西アフリカの地方から移住してきた移民である。このシークエンスは実際のグンベに参加したり観たりしている人びとを記録しつつ、その場にガンダやトゥーレたち映画の登場人物を紛れこませることで成立している。『私は黒人』のなかでもっとも民族誌的で、もっともドキュメンタリー的な場面を構成しているともいえる。

映画では、大きな輪をつくった群衆のなかで、トップダンサーとされる男たちが目にも留まらぬ早さで踊り、新しいステップをウマル・ガンダたちの前で披露する。また、馬に乗るロデオのように、自転車を馬代わりにして踊る曲芸の競い合いもおもしろいが、夕方になって登場するプチ・トゥーレとナタリーの踊りがすばらしい。この場面において、彼が映画の登場人物として踊っているのか、それとも自分自身であるのかと問うのは野暮であろう。この映像が記録的なのか虚構的なのか、それを見分けることにほとんど意味はない。ふたりのグンベにおける踊りの高揚を感じていると、そのような二分法による思考が音を立てて崩れていき、両者はダンスと音楽の渦のなかで溶解していく。それが、エスノフィクションらしい映画的瞬間なのである。

もうひとつ指摘しておきたいのは、この映画のフィクションならではの特徴として、夢の場面が二か所入っていることだ。ロビンソンは自分が「エドワード・G・シュガー・レイ・ロビンソン」というボクサーになったことを夢に見て、スーパー・フェザー級の世界タイトルマッチに挑戦する。元ボクサーのターザンをトレーナーとして従え、彼はガウンをまとってリングにあがる。そして、相手をノックダウンする。すると、そのときハッと夢からさめて、彼はボクシングの試合を観戦している名もなき群衆のひとりに戻っている。

もう一か所は、ロビンソンが酒に酔って正体をなくし、メキシコ・バーで酩酊しながら見る夢である。彼はバーでドロシー・ラムールを口説いていたのだが、イタリア人の男に横取りされてしまう。その夜しこたま飲んだロビンソンは、現実なのか夢なのか、気がつくとドロシーと家にいて、彼女からベッドに誘われる。ドロシーは服を脱ぎ、乳房があらわになる。その時代の表現としては一線を越えて、かつ民族誌的な映画としてもあり得ないことに、ロビンソンの主観ショットを撮るカメラが、半裸のドロシーとともにベッドに横たわる。しかし月曜の朝になり、それが夢にすぎないことが判明し、ロビンソンはバーの外で目をさます。彼がドロシーの家を訪ねると、実際には彼女がイタリア男の腕のなかで夜をすごしたことがわかり、道ばたでその男となぐり合いのケンカになる。

ロビンソンとドロシーの場面には、その背景にも現実と虚構が入り混じった複雑さがある。ロビンソンを演じたウマル・ガンダは、フランス軍の兵士になる前には、ニジェールのニアメでドロシーを演じたマドモアゼル・ガンビの婚約者だった。ところが、彼が兵役から戻ったときには、この婚約は破棄されていた。そして、かつての婚約者の愛情を取りもどすために、ボクシングの世界チャンピオンにでもなるしかない、というところまでガンダは空想するようになっていたという[14]。彼は『私は黒人』という映画のなかで自分自身を演じ、それに自分の声でコメンタリーをつけることで、自分の境遇を見つめ直す機会をもった。映画スターの名前を名乗り、ボクサーという夢の生活を演じることで、自己を向上させるための教えと契機を得たのだ。ジャン・ルーシュのエスノフィクションに出演する人びとは、撮影を通して変化し、成長する。まだ二〇代前半だったウマル・ガンダは、一九六八年にみずから映画の製作を開始し、西アフリカを代表する映画作家になっていった。

ルーシュが残した遺産

映画の撮影時に二〇代前半だったウマル・ガンダは、『私は黒人』という映画のなかで自分自身の生活を演じ、映像に自分の声でコメンタリーをつけることで当時置かれていた自身の境遇を見つめ直す機会をもった。映画スターのニックネームを名乗り、底を這うような自分自身の生活を演じることで、自己を向上させるための教えと契機を得たのだ。ジャン・ルーシュのエスノフィクションに出演した人びとは、撮影を通して生成変化し、成長する。ガンダは『私は黒人』に出演したあと、ジャン・ルーシュの西アフリカにおける移民をテーマにした研究調査のアシスタントを務めた。そしてルーシュがガーナで撮って一九六三年に発表した二本の映画を手伝い、一九六八年にルーシュの強い勧めもあり、ニジェールに帰国して映画作家になるためのトレーニングを受けた。同じ年にみずから映画製作を開始し、八一年に四五歳の若さで亡くなるまで八本ほどの映画を撮りあげて、西アフリカを代表する映画作家になった。

ウマル・ガンダが監督した最初の映画『カバスカボ』*Cabascabo*（68）は、全編がザルマ語で展開されるモノクロの中篇である。独立前にフランスの派遣部隊の兵士としてインドシナ半島に送られたベテラン兵士が、ニジェールに帰国する。家族や友人たちから歓迎を受けるが、主人公は断片的なフラッシュバックのなかで、遠くはなれた土地における戦闘や経験を語る。ガンダの自伝的な作品である。バーで友人や娼婦たちを前に自分の冒険譚を話し、しばらくの間は栄誉に浴すが、浪費を続ける一方で仕事を見つけることができない。やがて誰も彼の軍人としての地位に敬意を示さなくなり、工事現場では無能のようにあつかわれる。そして、ひとりの男として尊厳をもって生きるために故郷に帰ることに決めるという物語である。一九六八年にカンヌ国際映画祭でプレミア上映され、モスクワ国際映画祭で受賞し、ガンダの出世作となったニジェール映画である。

ウマル・ガンダの二作目『一夫多妻のワズー』*Le wazzou polygame*（71）は、ニジェールにおける一夫多妻制と強制結婚をテーマに据えた中篇の傑作である。映画の冒頭、ムスリムの主人公の男がメッカへの巡礼を終えて村に帰ってくる。彼にはすでに二人の妻がいたが、娘の友だちのサントウという婚約者がいる女性に恋してしまう。彼の二番目の妻は、さらに若い女が家に入ってくるという考えに我慢がならない。婚礼の前の晩、結婚を阻止するために彼女はサントウを殺す決意をかためる……。一六ミリフィルムで撮られたカラー映画であり、女性の衣服や家庭における生活風景、家の建築様式など、映像的にも興味深いディテールに富んでいる。一九七二年にフェスパコ（ワガドゥグ全アフリカ映画祭）で最初のグランプリに輝いた作品である。

ジャン・ルーシュの映画製作や研究調査を手伝い、後年に西アフリカ映画を支える人材になったのはガンダだけではない。ムサ・ハミドゥは、一九五九年から一九歳でジャン・ルーシュの映画を手伝うようになった。ガーナでの映画製作を通じて録音技術を学び、ルーシュからのサポートを得てパリで録音技術を身につけ、ルーシュの『弓でのライオン狩り』(65)や『少しずつ』(71)の録音やミキシングを担当した。後年には、ルーシュたちがニアメーに設立したＩＲＳＨ（人間科学研究所）に所属し、ニジェール、ブルキナファソ、マリなどにおける伝統音楽や口述伝承の音声アーカイヴをつくる仕事に従事した。彼はウマル・ガンダやムスタファ・アラサンの映画の録音も担当している[15]。

ジャン・ルーシュの映画『少しずつ』には、ブルキナファソ出身のムスタファ・アラサンとセネガル出身のサフィ・フェイが出演している。アラサンはＩＲＳＨで撮影を学び、ルーシュの推薦を受けてカナダでノーマン・マクラレンらに学び、アニメーション、ドキュメンタリー、劇映画を数多く手がけた映画作家だ。特に一九六六年の『冒険者の帰還』は、この地域で初めて撮られた西部劇のパロディとして評価が高い。また、サフィ・フェイは西アフリカ映画でもっとも高名な女性監督である。

ルーシュの支援を受けて、パリで人類学と映画製作を学んだあと、劇映画、ドキュメンタリー、テレビ番組を撮るようになり、自分でモデルや俳優もつとめてきた。[16] 初期の代表作はセネガルの小さな村を舞台にした『小百姓の声』（76）である。主人公の農民が干ばつのせいでピーナッツの収穫があがらず、恋人との婚礼資金が用意できずに都会のダカールへ出稼ぎにでるストーリーだ。

ジャン・ルーシュは多くの西アフリカの人を映画のつくり手になるように勇気づけ、サポートしただけでなく、ＩＲＳＨという組織の設立に尽力し、結果的にはそこで多くの人が学び働くようになった。その事実はもう少し強調されてもいい。彼の共有人類学の精神は、実社会における実践においても発揮されたのだから。

1 Jean Rouch with Enrico Fulchignoni, "Ciné-Anthropology," *Ciné-Ethnography*, Edited and Translated by Steven Feld, University of Minnesota Press, 2003, p. 162.

2 Jean Rouch with Lucien Taylor, "A Life on the Edge of Film and Anthropology," *Ciné-Ethnography*, p. 129.

3 ジャン・ルーシュ「カメラと人間」富岡光子訳『映像人類学』ポール・ホッキングス・牛山純一編、近藤耕人翻訳監修、日本映像記録センター、一九七九年、七八頁。

4 「ジャン・ルーシュ インタヴュー」聞き手・構成・訳＝武田潔『季刊リュミエール』一四号、一九八八年、一六八頁。

5 ルーシュ「カメラと人間」、八三頁。

6 Laurent Védrine, *Jean Rouch, The Adventurous Filmmaker*, 55min., france, 2017.

7 Paul Stoller, *The Cinematic Griot : The Ethnography of Jean Rouch*, The University of Chicago Press, 1992, p. 139.

8 ルーシュ「カメラと人間」、八六−八七頁。

9 同前、九三頁。

10 Paul Henley, *The Adventure of the Real*, The University of Chicago Press, 2009, p. 73.

11 Stoller, *The Cinematic Griot*, p. 136.

12 Rouch with Fulchignoni, "Ciné-Anthropology," p. 165.

13 Henley, *The Adventure of the Real*, p. 91 を拙訳。

14 Stoller, *The Cinematic Griot*, p. 115.

15 Henley, *The Adventure of the Real*, p. 329.

16 *Ibid.*, pp. 328–329.

久高島のコスモロジー

アサンマーイの写真

比嘉康雄が撮った一枚の写真からはじめよう。それは、彼の写真集『神々の島――沖縄 久高島のまつり』（一九七九年）に収録されている作品で、一九七八年のイザイホーのときにアサンマーイと呼ばれる神事の一コマを撮影している。[1]

イザイホーの神事において、女性たちは三日間の夜籠りをはじめとする儀式を終える。そして、頭部に祖母の霊を憑依させて、名実ともに神女《ナンチュ》になった彼女たちは、四日ぶりに自分の家にもどってきて「兄」と対面する。比嘉の写真では、イザイホーで身につける白い胴着、下袴、襦袢に身を包んだ「妹」が、茅でつくった敷物の上に座す同族の男性の前で両手を合わせている。兄は用意してあったミキを神女に捧げようと、それが載った盆を前に差しだして、これから盃をかわすところだ。よく見ると、妹は髪を頭の上で結っており、そこにシルサージと呼ばれる白いハチマキを絞めている。そのハチマキのうえにさらにつる草の葉でつくった冠をかぶり、頭の前部に赤、白、黄の紙でつくったイザイ花を挿している。この頭部の飾りつけは、神装をした女性の頭に祖母の霊が依り憑いている状態を意味するという。

この神事の場面は柳田國男が「妹の力」で論じたように、兄弟姉妹の「妹」ということだけではなく、家族内においてこの女性が霊的な力で男性や近親者を守り、祭祀をつかさどる人になったことを示している。久高島には島建ての神話として、最初にいた兄と妹が契りを結んで子孫を増やしたという物語があるから、その影響が反映していないとはいえない。実際の神事では、神女になった女性に兄がいなければ、弟、甥、従兄など同族の男子が代わりをつとめてもよいことになっている。比嘉康雄による映像民俗学的な写真が少なからずわたしにショックを与えたのは、それを見たときに、それまで自分のなかにあった「憑依」の概念やイメージが音を立てて崩れていったからだ。わたしには、ひとが神霊にささげる歌舞や踊りのなかでトランス状態や意識変容をともなって、憑依や神懸りが起きるという思いこみがあった。しかし比嘉のカメラは、家の守護神である神霊がひとりの女性の頭部に憑依してこの世に顕現し、守られる家族の当主がその神霊に相対した瞬間をとらえている。その光景がこんなに静かで穏やかなことに仰天したのである。

近年にいたるまで久高島には年中行事が二七回もあったという。そのなかでも一二年に一回、午年におこなわれていたイザイホーがもっとも重要な祭祀であったのは、その儀礼のなかに島人の宇宙観や死生観がみごとに凝縮されているからだ。ひるがえれば、ひとがこの世に生を受けてどのように死に、その後に霊魂がどこへ行って神霊となり、子孫を見守る守護者となるかという信仰を理解することなくして、イザイホーを考察することはできまい。残念ながら一九七八年の祭祀を最後にイザイホーはおこなわれていない（一説には九〇年に一部だけで執りおこなわれたともいう）。ここでは、比嘉康雄の民俗写真や七八年の祭祀のときに撮影された記録映画を足がかりに考えてみたい。

イザイホーの記録映像

沖縄本島の知念岬にある斎場御嶽《セーファーウタキ》を訪ねたわたしは、三庫理《サングーイ》にある拝所で、海のむこうにある久高島の美しい姿をおがんだ。そして、岬のたもとにある安座間港からフェリーに乗って徳仁港へわたった。久高島は南西から北東へ縦に三キロほどのびる細長い島であり、人口は二〇〇人を割っている。島全体はクバの森におおわれており、海岸にはアダンが茂る。南部に人家がかたまる集落《シマ》を横切ると、簡単に東海岸と西海岸を行き来できるが、その風景の印象はまったく異なる。東海岸はイノーと呼ばれるサンゴ礁の礁湖にかこまれて、北端のカベール岬にいたるまでサンゴ岩の合間に美しい砂浜が広がる。むかし島人が海の貝や木の実を採集して暮らしていたころ、集落から近いイシキ浜で夫婦が神様に豊穣のお祈りをした。すると、沖から黄金の壺が流れついて、そのなかに入っていた麦や粟など七種の種子で農業をはじめたと伝えられる場所である。

そのような穀物到来の伝承を知らなかったとしても、朝に水平線から太陽がのぼり、また月が最初に照らしだす東海岸に生命力が満ちていることは誰の目にも明らかだ。久高島の最高神が、太陽の神と月の神であることも頷ける。また、ここは琉球ではじめに太陽がのぼる島であり、琉球を創成したアマミキョとシネリキョが東の海上にあるニライカナイからたどり着いたのは北端のカベール（神の原）の浜だったので、久高は神高い島とされてきた。アマミキョとシネリキョは島でもっとも神聖とされるフボー御嶽の檳榔《クバ》の森のなかで生活を営んだものらしい。この森は妖怪キジムナーの棲みかともされていて、琉球の始祖と妖怪が同じ森《ムイ》と関係しているところがおもしろい。

沖縄の神々の由来には、海辺に漂着する寄りものや来訪神の口承にこと欠かないが、この琉球のアダムとイブも黒潮にのって南方から渡ってきた異民族なのではないか、とつい妄想をふくらませてしまう。悪石島のボゼ、石垣島のアカマタクロマタ、宮古島のパーントゥなど、台湾やベトナムやフィリピンはおろか、もっと彼方のインドネシアやパプアニューギニアにいたるまでのつながりが仮面神の姿からは想像されてくる。現代ではアマミとは沖縄の北にある群島のことを指すが、柳田國男が『海南小記』でいったように、アマミという言葉はもともと天と海のふたつの「アマ」と「アメ」を同時に見つめる視線のことをいった。美しい白砂からなるイシキ浜に立ち、水平線を眺めやれば、太陽がのぼってくる方向にあるニライカナイの存在がありありと感じられたのだろう。

一九七八年のイザイホーを撮影した東京シネマ新社（演出＝岡田一男）の『沖縄 久高島のイザイホー』は、民族誌的な精神につらぬかれた資料価値の高いフォークロア映画である。冒頭の映像でのけぞるほど驚いたのは、なめらかな移動撮影のカメラがクバの森にある小径をくぐって、男子禁制であるサンゴ砂の敷かれたフボー御嶽に入っていったことだ。女性のカメラマンを使ったのだろうか。御嶽に神々の依り代となる自然石が置かれている様子を撮っている。それと比べても、外間ノロだった西銘シズや島人と長きにわたる信頼関係を築き、七五年のフバワク（七〇歳になった神女が引退する儀式）のときに男性ながらフボー御嶽への入域を許され、神女がそろってカチャーシャ舞いをする光景を撮った比嘉康雄の写真のすさまじさは際立っている。

久高島の宇宙観から見てイザイホーの重要な儀礼は、誰もが写真や映像におさめたがった二日目のカミアシビではないのかもしれない。それは、祭場となる御殿庭《ウドゥンミャ》の広場にある神アシャギの建物をクバの葉とススキで覆い、エーファイ、エーファイと掛け声をかけながら、島の女性たちが七つ橋をわたって祖霊神に神女としての認証を受ける儀式である。確かにこの儀礼は映画『沖縄 久高島のイザイホー』にも最初のクライマックスとしておさめられている。黒髪をざんばらに垂らした女性たちがこの世とあの世をつなぐ橋を行き来しながら、独特のかけ声、手拍子、集団的な身体運動を見せる様子は目を引くには充分だ。しかし、その背後にある死生観や宇宙観を知ることがなければ、それは南の島でおこなわれていた奇祭でしかない。

イザイホーの宇宙観

どうして久高島の御嶽に男性は入ることができないのか。そんなシンプルな設問から話を起こしてみる。穀類や農耕が伝わる前の島では、漁労と採集中心の生活が営まれていた。男たちは小舟で漁にくり出し、女性は道具や腕力もいらないのでイノー（礁湖）のなかで小魚、貝、タコ、イラブー（永良部ウナギ）などを捕まえていた。そのような状況のなかで女性が子どもを産み、乳を与えて、幼子を共同的に育てるようになり、母親同士の絆は強まった。母親を中心とするグループは、クバの森の中で生活を共にしていたと思われる。クバの森の聖地は母霊の鎮まるところで男性は入れないという考えは、この魚介類採取時代の社会のあり方を示していると考えられる」と比嘉康雄は書く。[2]農耕が入ってからも男は長期にわたって海へ出かけ、畑を耕すのは島に残された女性たちの仕事であった。そこから漁にでる一族の男たちを災難から守るために、祖霊神や自然崇拝の神々への神事をつかさどることが「妹」の仕事になった。

久高島を歩いていると、開けている東海岸と比べて西海岸が黒いサンゴ岩ばかりの断崖絶壁になっていて、まるで天国と地獄のような様相のちがいをもつことに気づいた。西側に七つの井戸《カー》があり、神女たちも長い階梯をおりていってそこで禊をする。集落からすぐ近くに後生《グウソー》、すなわち墓所があって、その葬所は「ハカス」と呼ばれていた。比嘉康雄によれば、ハカスは溜った池の水を流してしまうことだから、転じて亡くなった人の肉体を葬所において腐乱させることを意味したようだ。むかしは人が亡くなるとハカスにおいて風葬にし、肉がなくなったあとで洗骨して骨をその人が属する御嶽へと移葬したのではないかと推測するのだ。[3] ちなみに一九六六年のイザイホーのときに訪島した岡本太郎が、ハカスにおいて腐乱した死体や骸骨を写真に撮ったことが問題になり、その頃から風葬の習慣が途絶えてしまったともいわれる。

人は死ぬが、それは肉体が消滅するだけであり、死者は形を変えてどこかに存在しているのだと、脳裡に浮かぶ死者の生前の姿の残像や夢見を根拠にして考えた。そうして先に述べたように「魂」の存在を見出していったと思われる。久高島の年配者の多くは、夢を信じ、魂の存在を信じていた。[4] 死んでしまった人の肉体は風葬において腐乱するが、一方でその人のイメージは脳裡や夢にでてくる。だから魂がどこかに存在していて、ニライカナイへ行ったり島へ戻ってきたりするのだと想像される。目に見えない存在は善玉の霊だけでなく、海で遭難して死んでしまったトゥムティラーなども海の波間に漂っていて、ニライカナイから祖先の神霊が久高島をおとずれるときに一緒についてくるものとして恐れられてもいた。

そんな久高島のコスモロジーを踏まえたうえで記録映画『沖縄 久高島のイザイホー』を観てみると、イザイホーの直前におこなわれたタマガエーヌウプティシジの儀式のあらましを撮った映像が大変貴重に思えてくる。いくら本で読み、写真で見てもよく理解できなかったこの儀礼が、映像で観るとすんなり飲みこめた。神女になるためにイザイホーに参加する主婦のいる家庭では、御嶽から祖母にあたる人の霊が鎮まっている香炉を持ち帰る。香炉のなかには、目には見えないが家族を守ってくれるお祖母さんの霊威《シジ》が入っている。映像によれば、ウムリングヮ（職業的ではないユタ）と呼ばれる女性が、香炉に線香を立てて祈禱をしてから、神女になる女性の小さな香炉に祖母の香炉の灰をわけるのだ。映画のナレーションによれば、これによって祖霊神（祖母の霊）が女性に乗り移ったことになるという。こうして、この女性は自分の家族のために、さまざまな神事をつかさどる資格を得たことになる。

「憑依」とか「乗り移る」という言葉を使うと物々しく感じるが、それが整然と儀礼化された社会的行為であることが伝わってくる。同じようにアサンマーイの儀礼のときにも、神女は白ハチマキとイザイ花を頭につけて、頭部に祖母の霊を憑依させているわけだが、まさにこの装束を着ているあいだは、共同体のなかで憑依した状態が継続していると見なされるのだ。それは、ユタが職能的な神職者として神霊や混沌霊やキジムナーを頭部に憑依させて、その言葉を代弁するときとは様相が大きく異なる。神女における祖母霊の憑依は、集落や家庭内における儀礼をとりおこなうために、一定の期間つづき、自他ともにそれを認めるという社会的な振るまいなのだ。そのときに、神女が白い馬に乗ったカミサマをヴィジョンとして見ているかどうかは傍から見てもわからない。ただ、彼女が亡くなった祖母の霊を身近に感じ、心のうちが慈愛で満たされていることは間違いないだろう。

1 比嘉康雄＝写真・谷川健一＝文『神々の島――沖縄 久高島のまつり』平凡社、一九七九年、四八―四九頁。
2 比嘉康雄『日本人の魂の原郷 沖縄久高島』集英社新書、二〇〇〇年、二頁。
3 比嘉『神々の島』、一四九頁。
4 比嘉『日本人の魂の原郷 沖縄久高島』、四七頁。

むきだしの縄文

『海の産屋』と『廻り神楽』

海の民と縄文

二〇一一年の東日本大震災において津波被害にあった青森、岩手、宮城の三陸海岸では、復興事業の工事が進むにつれて、次々に遺跡や遺構が発掘されている。たとえば岩手県の大船渡市では、高台に縄文時代の貝塚が見つかり、縄文人もまた津波を避けたのではないかと憶測されている。また、宮城県の気仙沼市にある波怒棄館《はぬきだて》遺跡では、貝塚からマグロの骨が大量に出土して人びとの驚きを呼んだ。そこから見えてくるのは、縄文晩期の三陸沿岸には津波を予期し、外洋で大型魚を捕るような海洋文化があり、高度な漁具を使用していたことである。彼らは弥生時代に入ってからも、他の地方の鉄や米と交換するために、あえて専門的な漁労文化を選択した「海の民」だったのではないかと考えられるのだ。

大津波によって表土がさらわれ、三陸海岸の地表に縄文時代からの痕跡がむきだしになったことは決して偶然ではない。なぜなら、縄文的な文化がこの列島にまだ息づいているとしたら、ひとつには、こうした海の民における生活習慣や世界観に見られるだろうからだ。北村皆雄・戸谷健吾が石巻市の雄勝《おがつ》半島で二〇一二年に撮影したドキュメンタリー映画『海の産屋 雄勝法印神楽』を観て、そのように思った。この半島にある立浜集落には四六軒の民家があったが、津波で一戸を残して被災したという。自分の船、そしてホタテやカキの養殖設備を失った漁師の末長さんは「むかしの人の語り草で、津波の翌年は海がいいんだって。山あり川あり潮の流れあり、そのミックスがいい、恵まれた海なんだな」と、震災の一年後にカメラの前で平然と言い放つ。田畑を耕すための平地ではなく、山の養分が川を経て流れこむ豊かな海で生きてきた人の超然とした態度である。

そんな末長さんは、六〇〇年つづくとされる「雄勝法印神楽」の担い手でもある。映画『海の産屋』は、祭りの前日に木材で舞処を組み立て、その十字にした天井の柱に、たくさんの笹の葉を結びつける様子を見せてくれる。榊や笹といった常緑樹の葉は秋冬になっても枯れないので、むかしの人は神域に属する木だと考えた。その笹だらけになった柱こそが、折口信夫が考案した言葉でいう「依り代」、すなわち来訪する神が一時的にいる場所なのだ。さらにこの映画では、釜で湯をわかす「湯立て神事」をきちんと見せ、禰宜《ねぎ》が笹の葉で集落の人に湯を浴びせる様子も入れている。このシーンによって、立浜の神楽が修験道の影響を受けていることがわかるようになっている。

修験道といえば、土着のアニミズムと仏教が習合して平安期に成立した、山伏たちの信仰である。おもしろいことに修験道の他界観には、アイヌや沖縄・奄美のそれと似たところがある。たとえば、この「雄勝法印神楽」を伝えたのは出羽三山・羽黒山の修験者だというが、かの地の修験道では、海辺にある海蝕洞窟があの世の入口とされ、死者の霊は集落の地底をとおって山頂にある鏡池までいき、その場所にとどまるとされる。そして死者は祖神になり、やがて山の神となって麓にある集落に豊穣をもたらすのだ。海と山からなる二元的な世界観のなかで、神や霊魂が海と山を往還する構造をもっている。そのことはせまい平地で暮らし、背後から迫りくる山々と眼前にひらかれた海の狭間で生きてきた、三陸の海の民にとっては自然なことだった。考古学者の瀬川拓郎は、アイヌの口述伝承や沖縄・奄美の風葬と洗骨の習俗にも同じ空間的な構造が見られ、それら三者は縄文に起源をもつ点で共通すると指摘している。[1]

『海の産屋』に記録された神楽では、胴が一体、頭が五つの五鬼王が近くの島に住みつき、それを田中明神が退治をする「笹結」という演目が地域性を感じさせておもしろい。それから「産屋」の演目がクライマックスに据えられていることにも注目したい。神話では豊玉姫は海神の娘で、猟が得意な山幸彦《ヒコホホデミノミコト》の子を産むために海岸につくった産屋にこもる。「絶対に産屋のなかを見ないように」といわれた山幸彦が内側をのぞくと、姫は鱗のある蛇のような竜神の姿で子を抱いていた。この神楽では、紅白幕越しに山幸彦と豊玉姫がやりとりを見せたあとで、竜神に姿を変えた姫が荒れ狂う舞がくる。映画はそこに波のイメージをはさむことで、何度もこの地をおそった大津波を喚起させる。「雄勝法印神楽」において「産屋」が中心におかれているのは、海の神と山の神の結びつきを描いたこの話が風土にあっており、同時にそれが記紀以前からの縄文的な海の民の世界観をよく表現しているからではないか。[2]

目に見えない神

ところで、文章を読んでもなかなかイメージできないフォークロアが、写真や映像を見て腑に落ちるということがよくある。歌舞はその最たるものであり、現地で見られればそれに越したことはないが、映像によってその雰囲気に触れることくらいはできる。大澤未来・遠藤協が監督した『廻り神楽』（17）というドキュメンタリー映画で、はじめて岩手県宮古市の「黒森神楽」の存在を知ったが、これもまた『海の産屋』と同じく修験者によって伝承されたものだという。映画の冒頭、ドローン撮影のカメラが空から海上を撮り、津波で更地になった宮古市街を見せてから山へと飛んでいくショットによって、海と山のあいだに生きる三陸海岸の暮らしを的確に示す。そのあとで「黒森山の山の神様は、ふだんは山の上にいで、海の衆を見守ってくれてます」という方言混じりのナレーションの音声にかぶせて、黒森神社の外観と野生の鹿の姿を見せる。神社のお社は山の神の仮住まいにすぎず、本当は何かの動物の姿をしているのではないかと、地元の信仰のあり方を想像させるシーンである。

『廻り神楽』を観ていると、黒森神社に伝わる獅子頭の「権現様」ほど、平安時代以降の神仏習合を象徴する存在もないように思えてくる。山の神への信仰と仏教が結びつき、神仏が現世にあらわれるときの仮の姿が権現様なのだ。前述の『海の産屋』でゾッとしたのは、漁師の末長さんがガラクタ市で獅子頭を買ってきて「こういうので代用すばれいい」といって、そのまま獅子舞を踊ってしまう場面だった。海の民は「神様が目に見えないこと」をよく心得ており、獅子頭が依り代にすぎないことを知っているのだ。それに比肩できるショットが『廻り神楽』の冒頭にある。津波におそわれた海辺の防波堤近くを神楽衆が歩いてくるロングショットである。このイメージにわたしは「災厄に見舞われたとしても、もともと山の神は目に見えない存在なのだから、人びとの気持ちさえあれば、神楽とともに幾度でも回帰してくる」という予兆めいたものを感じた。神楽衆が震災のあとに復活し、三陸の沿岸部を旅まわりしながら、公民館や民家で被災地の人たちに言祝ぐ姿を映像で観ていると、笛、太鼓、銅拍子の「楽」があり、黒森神楽の派手な幕をおろして面をかぶった舞人さえいれば、どこでも祭場になりうることがよくわかる。

折口信夫は、日本列島の祭の中心は、神が臨時にいる居処だといった。そのために「依り代」となる場所を建てるのが祭場であり、そこは神が言葉を発し、人間が恩寵や祝福を請い願う場になるのだ。「まつる」の語根の「まつ」は、単に期待して待つというだけでなく、じりじりと焦りながら神のお出ましを期待する意になるという。[3] それが岩手県久慈市と宮城県釜石市のあいだの村々で、廻り神楽を待つ人たちの心持ちであったのだろう。それでは神楽衆が何であるかといえば、折口的な表現でいうと、外からやってくる常世神になるか。この「まれびと」の一行が村々をおとずれ、天狗や鬼など悪さをする土地の精霊たちを踏み鎮め、いうことを聞かせるわけだ。折口は「山の神と常世神が行き値うての争いや誓いの神事演劇《わざおぎ》が初春ごとに行われた」ことが、この列島における芸能の起源にあるとしている。[4]

このとき村から村へ移動する山伏の集団（現代では神楽衆）は、山人であると同時に神と人とのあいだの「神人」であり、旅をつづけるうちに「黒森様」と呼ばれるようになる。つまり「巡行」こそが彼らを神そのものにする。『廻り神楽』で特に見ごたえがあるのは「山の神舞」の場面だ。お囃子のアップテンポな拍子にのって山の神があらわれるが、幕のむこうで足が見えるばかりで中々登場しない。祭りを「まつ」心持ちをあおる振り付けになっている。ここの山の神は女神であり、真っ赤な面はお産で息んだ顔をあらわすという。子を産むイメージと、豊穣をもたらす神の力が重ねられているのだろう。その次にくるシーンでは、左手の権現様の上に山の神の面を置き、右手の権現様にエビス神の面を置いて祀っており、縄文的な信仰と仏教が習合した黒森神楽のあり方をよく伝えている。

古来から海の民はサメ、シャチ、クジラといった動物を豊漁の神エビスとして崇めてきた。浜に打ち上げられたクジラを食料にし、クジラがその体軀の下に魚の群れを引き連れてくることを知っていたからだ。現代でも海からながめる高い山は、船の位置や漁場の目印になることを漁業者は知っている。そこには古代以前における海の民の信仰が残存しており、三陸の廻り神楽にも、海と山の縄文的な世界観が生きていることの証左だろう。

1　瀬川拓郎『縄文の思想』講談社現代新書、二〇一七年、一五二頁。
2　同前、一六五頁。
3　折口信夫「ほうとする話」『古代研究Ⅱ民俗学篇2』改版初版、角川ソフィア文庫、二〇一七年、二〇〇頁。
4　折口信夫「山のことぶれ」同前、二二九頁。

3

革命と戦争の世紀

革命の民族誌

ストローブ＝ユイレ論

ストローブ＝ユイレとシネマ・ヴェリテ

ジャン＝マリー・ストローブに関する有名なエピソードからはじめよう。二〇〇六年のヴェネチア国際映画祭に、ストローブ＝ユイレはイタリアの詩人で小説家のチェーザレ・パヴェーゼの詩篇を映画化した『あの彼らの出会い』（06）を出品したが、映画祭には欠席した。ダニエル・ユイレが亡くなった年のできごとである。映画祭を欠席するかわりにその作品の記者会見の席で、ストローブによる手書きのものを含む三通の手紙が公表された。その手紙のなかで、彼はこの映画祭がもっている政治的な日和見主義をはげしく攻撃した。とりわけ、欧米でまさに進行していた「テロとの戦い」について強い口調で責めたてた。

わたしは映画祭へいって、お祝いをする気分にはなれないのです。その会場では制服や私服の警官たちが大勢、テロリストがいないか探しています。わたしこそがそのテロリストです。フランコ・フォルティーニの言葉を言いかえるならば、アメリカの帝国的な資本主義が存在するかぎり、世界中でテロリストがいなくなることはないでしょう。[1]

このようにジャン・マリー＝ストローブが国際映画祭という場において、非常にラディカルな左派の思想を想起させる政治的態度を表明したことには、どのような意味があるのか。

ストローブは一九三三年にフランスの北東部にあるロレーヌ地方の町メスで生まれている。当然フランス語を話す環境で育ったのだが、一九四〇年からナチスドイツの占領下におかれたことから、少年期より外でフランス語を話すことを禁じられ、学校でもドイツ語で教育を受けることになった。このことは、彼の映画人生において多言語的な環境が継続したこととも関係している。青年期のストローブはパリへ出て、高等映画学院（IDHEC）へ進学するために学んでいたとき、ダニエル・ユイレと出会う。この時期、パリのシネマテークでジャン＝リュック・ゴダール、エリック・ロメール、ジャック・リヴェットらとも知りあい、交友をふかめている。ところが一九五八年になると、アルジェリア戦争への徴兵を忌避したかどで軍事法廷で有罪判決を受け、収監を逃れるためにドイツのミュンヘンへ逃亡することになった。その後もローマへ転居するなど、ドイツ語、フランス語、イタリア語で映画製作を続けることになった。少年期のナチスドイツによる占領、徴兵忌避の問題、それにともなうコスモポリタン的な亡命生活が、彼の政治的な姿勢を決定づける根幹にあることは想像にかたくない。

それでは、ダニエル・ユイレのほうはどうであったのか。彼女はストローブより三つ下の一九三六年生まれである。田舎で育ち思春期の頃にパリへ移ったユイレは、一九五四年の秋、一八歳のときにストローブと出会っている。興味ぶかいのは、その頃の彼女が劇映画よりも民族学的なドキュメンタリーをつくりたいと考えていたことだ。

私は記録映画を撮りたかった。いわゆる民族学的映画だ。それに、私は白い肌に金髪の人間は好きになれなかった。子供の頃、私はパリ（十三歳の時、ようやく上京した。それまでは田舎にいた）の学校の女の子が一番きれいだと思っていた。肌の黒い女の子たちが……。でも、ストローブは残念ながら、まさに金髪に白い肌だった！　私は英語とスペイン語を学び、その後、初めてドイツ語を、さらにはイタリア語を学ばなければならなくなった……。[2]

異文化をあつかう記録映画を撮りたいというだけではなく、ダニエル・ユイレが個人的に白い肌や金髪をもつ同朋を好きになれず、身体的な特徴としては他者である「肌の黒い女の子」に美を見いだしていたところがおもしろい（筆者自身もアメリカやカナダで、そのような趣向をもつ白人女性に何人か出会ったことがある）。一九五〇年代なかばの民族学的な映画といえば、フランスにはジャン・ルーシュという巨人がいた。ルーシュは戦後の一九四七年から短篇映画を撮りはじめて、一九五七年には代表作の一本『狂った主人たち』を発表している。アフリカのニジェールに通っていたルーシュは、その地のハウカ教徒に依頼されて、農家で開かれた年に一度の儀式を撮影した。そこには信者たちが動物を屠殺して料理し、荒々しいダンスのなかで憑依儀礼をするさまが記録されている。ダニエル・ユイレはそのような民族学的なドキュメンタリーを志向していたというのだろうか。ジャン＝マリー・ストローブがアルジェリア戦争への徴兵を忌避した時代の状況や、当時の若いインテリたちの政治的な態度から想像するならば、それがアルジェリア戦争という植民地主義的な戦争への異議申し立てと結びついたものだったと考えるほうが妥当ではないか。

もうひとつ、ジャン・ルーシュたち民族誌映画のつくり手とストローブ＝ユイレに関連して指摘しておきたいのは、ルーシュたちが考案した「シネマ・ヴェリテ」という概念のことである。それまでのドキュメンタリー映画では、現実の対象を撮影しながらも、つくり手が映画のなかから排除される虚構的な枠組みが維持されていた。ルーシュと社会学者のエドガール・モランが共同制作した『ある夏の記録』（61）では、意図的にインタビューする者をフレームにおさめて、映像のつくり手と撮影対象となる人たちが関係する行為自体を記録した。このことは、ストローブ＝ユイレの映画における、被写体への倫理的な姿勢を考えるうえでも重要になってくる。なぜなら『和解せず』(65)以降の彼らの作品において顕著に見られる撮影方法が、単なる形式や様式の問題ではなく、シネマ・ヴェリテにおけるリアリティの追求と関係していると思われるからだ。

ストローブ＝ユイレの映画では、そこに映画のなかの虚構世界を壊してしまうような騒音が混ざっていたとしても、その場所でそのショットを撮影したときに同時録音した音声を使わなくてはならないという決まりめいたものがある。たとえば『オトン』(70)のサウンドトラックについて編集を主に担当したダニエル・ユイレはいう。

音響効果を加えていく映画のように、同時録音した直接音をあつかうことはできないのです。それぞれのイメージは音をもっていて、それに敬意を示すように強いられます。たとえ登場人物が画面外へ出ていき、フレームのなかに誰も映っていなかったとしても、勝手にカットすることはできません。なぜなら、フレームの外でまだ足音が遠ざかっていく音が続いているからです。音響をあとから加えるような映画では、最後の足が画面の範囲内から立ち去るのを待っていれば良いだけですが。[3]

ダニエル＝ユイレにおける民族誌映画への関心は、すぐにドキュメンタリー映画の製作へとつながったわけではなかった。それはむしろ、ヌーヴェル・ヴァーグの作家たちが、画面内に示されない音源以外から音楽を鳴らさないという姿勢をとろうとしたのと同じように、ジャン・ルーシュが提唱したシネマ・ヴェリテやアンドレ・バザンが論じたリアリズムの問題を、彼らなりに消化する必要性へと結びついた。『アンナ・マクダレーナ・バッハの年代記』(68)のような歴史もののフィクションにおいてでさえ、ストローブ＝ユイレは撮影時の直接音(direct sound)を使うことを主張した。そのために、バッハの役はプロの俳優ではなく、グスタフ・レオンハルトのような古楽器演奏の第一人者が演じることになった。彼はオランダ訛りのドイツ語を話し、生前のバッハに容姿がまったく似ていなかったのだが、演奏するシーンをワンショットで撮影し、そこで演奏された音声をそのまま使うためにはその方法しかなかったのである。

そこには同時代的な問題意識もうかがえる。ストローブ＝ユイレがパリにいた一九五〇年代は、先行世代であるセーヌ左岸派の映画作家たちがドキュメンタリー映画で次々と頭角をあらわした時期であった。アラン・レネはいち早く『ヴァン・ゴッホ』(48)と『ゲルニカ』(50)という短篇映画で脚光を浴び、クリス・マルケルは一九五二年に処女作の長篇ドキュメンタリー『オリンピア52』を撮りあげている。アニエス・ヴァルダもキャリアの初期に短篇のドキュメンタリー映画を手がけた。独特のフィクションを撮り続けてきたように見えるストローブ＝ユイレだが、『フォルティーニ／シナイの犬たち』(76)や『早すぎる、遅すぎる』(81)のような政治性のつよい映画は、記録映像と文章の朗読から成り立っており、広義のドキュメンタリーに分類できる作品になっている。その淵源というものを、若かりしころのダニエル・ユイレの民族学的なドキュメタリーへの関心に求めるのは、あながち的外れではないだろう。

ストローブ＝ユイレの二部構成

ジャン・マリー・ストローブとダニエル・ユイレによる映画作品を前にしたときに、わたしたちがそれを「難解だ」と感じるのはなぜだろうか。第一に、それが厳密に考えぬかれたフレーミングと構図、息の長い固定カメラによるシークエンスショット、ときには三六〇度パンに代表されるパノラマショットのようなカメラワークに貫かれているからだ。物語や登場人物の感情を補完するためにカメラ位置やフレームが決定されるのではなく、それはストローブ＝ユイレが確立してきた様式や、被写体とのあいだに生じる倫理によって決められる。音声面では、彼らの同時録音に対するつよいこだわりもある。

第二に、ストローブ＝ユイレの映画と原作との関係性があげられる。原作は、ギリシャ神話、哲学書、戯曲、小説、歴史書など多岐にわたっている。それでいて彼らは原作のテクストを変更することなく、各言語へ翻訳されることはあるのだが、セリフや朗読が原作どおりに読みあげられることを好む。そのせいもあるのか、テクスト自体への理解とそれが書かれた背景に知悉していないと、映画を観ただけでは容易に内容を飲みこむことすらままならない。ストローブ＝ユイレの映画を観るためには、それなりにヨーロッパの哲学、歴史、文学の素養が必要とされ、映画がわたしたちの教養を試してくるような趣さえある。

それにもかかわらず、わたしはストローブ＝ユイレの映画を観る経験ほど、快楽に満ちたものはないと断言することを憚らない。その一例として、彼らの『早すぎる、遅すぎる』という映画をとりあげてみたい。これは、大きく前半と後半のふたつのパートにわかれた二部構成の作品である。前半では、ドイツの政治思想家であるフリードリヒ・エンゲルスがマルクス主義の政治理論家であるカール・カウツキーに宛てた書簡が、後半ではエジプトの革命家であるマフムード・フセインが書いた文章が、朗読用のテクストとして使用されている。それをストローブ＝ユイレは、「A」と「B」という、レコードの表面と裏面を思わせるような方法で二部にわけている。

それから『早すぎる、遅すぎる』では、フランスとエジプトというふたつの国における革命的な闘争というものが、並列的というよりも、一方が終わって次にもう一方がはじまるかたちで描かれる。これは二者の並列化ということとは事情がやや異なる。それぞれヨーロッパ世界とアラブ世界にあるふたつの国家が、歴史的、文化的、地域的な特徴を失わずにいながら「順列的」に対比されるのだ。

映画という時間芸術において時間の流れは単一の方向に流れるから、『早すぎる、遅すぎる』を観賞する経験は必然的に、フランスの農民のパートを観てから、その次にエジプトの闘争のパートを観ることになる。鑑賞者はAパートを観た記憶を保持してそれと照らしあわせながら、まったく異なるはずのBパートを観る。人間の脳には自分が見ているものに意味や文脈を読もうとする癖があるので、Aのあとで来るBにおいて何か前者とのつながりを見いだそうとする。つまり、二部構成をもった『早すぎる、遅すぎる』はAとBを順に示しておいて、そのあいだにどのような連関を見るかを鑑賞者の解釈や想像にゆだねているのだ。その解釈の自由さこそが、この作品を観ることの快楽であり、人によっては難解に思えることの理由に他ならない。

それにしても『早すぎる、遅すぎる』というのは不思議なタイトルである。これはAパートの終わりに出てくるエンゲルスの書簡における、「コミューンの烈々たる友愛の情と共に訪れるのが早すぎたとするなら、バブーフの出番は遅すぎたのだ」という文章からとられたという[4]。フランソワ＝ノエル・バブーフは一八世紀後半に活躍したフランスの革命家で、共産主義の先駆的な存在とされる人物である。『早すぎる、遅すぎる』というタイトルにストローブ＝ユイレがこめた意味は次のようなものだ。フランスとエジプトのふたつの国家に共通することは、つねに農民による抵抗が起きる時期が早すぎ、権力を掌握する段階においては農民は到着するのが遅すぎる[5]。本来であれば地理的にも時代的にもつながりようのない二者が、両者に共通項を見いだす思考によって架橋されているのだ。

それでは、時代も場所も異なるフランスの農民とエジプトの民衆を結びつけ、それを映画作品に仕立てあげたストローブ＝ユイレはいったい何を意図しているのか……、というような問いの立て方はおそらくまちがっている。エンゲルスの文章とエジプトの革命家の文章を順列的に朗読する彼らは、彼らなりの意図があってそのような構成にしているはずである。ところが、その理由が映画内ではっきりと示されることはない。全能の作者が考えた意図を読みとくことが、観客に求められることなのだろうか。それは否である。ストローブ＝ユイレはそこに確固たる答えを用意しているわけではなく、また、隠された意味や文脈をひそませているわけでもない。

すなわち『早すぎる、遅すぎる』という作品は、観客がそれを観賞したあとで、フランス各地の映像とエンゲルスの書簡を読みあげる音声とのあいだに、現代のエジプトの光景とエジプトの革命家の原作テクストの朗読のあいだに、あるいはAパートとBパートのあいだに、観客が何かを見て何かを考えるように求めている。映画はその土台部分だけを映像と音声によって示しており、そこに解釈を加えて作品を完成するのは一人ひとりの観客なのだ。ここでは、そのような作品のあり方を、仮に「プラットフォームとしての映画」と呼んでおこう。逆にいえば、一時間半や二時間のあいだ映画のフィクティヴな時間に、何も考えずに身をひたしていたい観客にとっては、それは耐えがたい苦痛をともなうものとなるかもしれない。プラットフォームしか示されないかぎりでは、わたしたちがそこに何を書き加えてもいい余白が保持されている。以降につづく文章は『早すぎる、遅すぎる』を観たあとで、わたしなりに作品を完結させたひとつの例にすぎない。

フランスの農民

特異なスタイルで映画を撮りつづけてきたストローブ＝ユイレのフィルモグラフィのなかでも、『早すぎる、遅すぎる』はひときわ異彩を放っている。冒頭のクレジットロールが終わると「A フリードリッヒ・エンゲルス」という章題が字幕で示される。Aパートのフランスの平民をあつかった部分の映像は、一九八〇年の六月にパリとフランスの地方で撮影された。Aパートの冒頭では、車のなかにカメラを据えて、パリのバスティーユ広場を何度もまわりつづける光景が延々とつづく。そこにかぶさる音声は、ロンドンに滞在していたドイツ人の社会思想家フリードリッヒ・エンゲルスが、ウィーンにいるカール・カウツキーに宛てた「エンゲルスからカウツキーへ 一八八九年二月二〇日」という手紙の朗読である。それを画面外からのオフ・ヴォイスで、ダニエル・ユイレの声が読みあげる。

それゆえ革命を遂行したのはこれらの平民に他ならなかったという点である。しかし事態がこのように進行したのはこれらの平民がブルジョワジーの革命的諸要求に、それには含まれていなかったような意味を付与し、平等と友愛とを推しすすめて、徹底した結論を引き出したからである。[6]

このシーンでは、いったい何がなされているのか。映像トラックは一九八〇年のバスティーユ広場をとらえて、音声トラックでは同時録音された車のエンジン音などの現場音がそのまま使用されている。そこに重ねられるオフ・ヴォイスの音声は、晩年のエンゲルスが当時からおよそ九〇年前に書いた手紙の朗読である。この時期のエンゲルスは、カール・マルクスが一八八三年に亡くなったあとで、学問的な活動としては『資本論』の第三部を完成させることにエネルギーを注いでいた。その一方で、一八八〇年代にヨーロッパ各国、ロシア、アメリカで労働運動が広がりを見せるなか、エンゲルスは各国の社会主義的な団体や政党を援助し、組織的な運動を広めるための働きかけをおこなっていた。その重要な方途のひとつが文通であった。そのことは、彼が各地の革命的な指導者たちへ書いたおびただしい数の書簡にくわしい。とくに一八八九年という年は、第二インターナショナルのパリ大会を成功させるために奔走していた時期だった。

何よりも驚かされるのは、映画の原作にエンゲルスが書いた手紙が使われていることである。そしてさらに、それを改変することなく、撮影された記録映像に重ねて朗読するという方法にも面喰らう。ロンドンにいるエンゲルスがウィーンにいるカウツキーに宛てた手紙なのだが、相手もマルクス主義の理論家なのでかなり高度な議論をしている。原作テクストの「エンゲルスからカール・カウツキー（在ヴィーン）へ」を翻訳で読むと、先述のダニエル・ユイレが朗読している部分は、モロー・ド・ジョネが一八六七年に刊行した著書『アンリ四世からルイ一四世にいたるフランスの経済・社会状態』という著書を、エンゲルスがカウツキーに紹介しているくだりである。フランス革命前の絶対王政の時代における貴族、ブルジョワジー、平民の諸階級を比較しながら、エンゲルスは革命によって倒されるべき貴族階級とブルジョワジーの結託を次のように分析している。

第二章、三ページ。ここで欠けているのは、どのようにして貴族とブルジョアジーの間の自然生成的妥協として絶対王政が生まれたか、また、それゆえに絶対王政はどのようにしてこの両者の利益を擁護しこの両者に恩恵を施さなければならなかったか、についての明快な記述である。この場合――政治的には遠ざけられた――貴族には、農民からの略奪、国庫からの略奪、さらに宮廷、軍隊、教会および上級行政機構をつうじての間接的な政治的影響力の行使が許され、――ブルジョアジーには、関税、独占による保護、および相対的に整備された行政機構と裁判権があたえられたのである。[7]

要約すれば、フランス革命の時代における一七八九年七月一四日のバスティーユ襲撃では、ブルジョワ階級と民衆が立ちあがることになったが、ブルジョワは右のような既得権や旧制度に束縛されていたので、結局は「革命を遂行したのはこれらの平民に他ならなかった」とエンゲルスは手紙で書いているのだ。それでは一九八〇年のバスティーユ広場の映像のうえに、エンゲルスの書簡にでてくる二〇〇年前のバスティーユ襲撃に関するテクストの朗読を重ねる行為は、どのような意味をもつのだろうか。

『早すぎる、遅すぎる』の映像には、フランス革命の時代を思わせる建築物もでてこなければ、昔の衣裳をまとった人物も登場しない。朗読の内容にあわせて、歴史的なものを想起させる映像が提出されるわけではない。ストローブ＝ユイレは、過去や歴史というものを現在と同一の時制においてあつかっているのだ。このことは、ローマ時代を描いた『オトン』において、ローマ風の衣裳を着た人物の背後に、現代の市街地が堂々と映りこむショットとパラレルに考えることができる。つまり、ストローブ＝ユイレが求めるリアリティでは、過去の時代の雰囲気を醸しだすために虚構的な背景を用意することは重要ではない。それよりも、原作で話題になっている事柄が起きた、まさにその場所で撮影することが、彼らが映画に求めるリアリティにとっては肝要なのである。

革命のころには施し物で暮す人々が数百万人に達した。零落した人々の数がいちばん多かったのが、最も肥沃だとみなされていた地方だった。このようなことが生じたのは、これらの地方においては土地保有農民がほんの僅かしかいなかったからである。[8]

この朗読によって農村のシークエンスが開ける。ストローブ＝ユイレの姿勢は変わることなく、フランスの農村などの各地を撮影したシークエンスにおいても貫かれている。ここではさらに驚くことに、単純にエンゲルスの書簡が朗読されるのではなく、モスクワで一八七九年に刊行されたカレーエフの『一八世紀の最後の四半世紀におけるフランスの農民と農民問題』という著書を、エンゲルスが書簡のなかで引用した部分を読みあげるのだ。いわゆる孫引きである。しかも、当のエンゲルス自身が手紙の末尾において「僕のノートのそっけない調子は、時間の短縮のためと紙に余白がなかったためだ。出典を比較する暇もなかったので、全部記憶を頼りに書いた——だから多くの点で僕が期待しているほど確かではなかろう」と書くほど、記憶が不確かであるとしている記述なのだ。[9]『早すぎる、遅すぎる』は次のように進行していく。

トレオガン村の入り口。村の中の家々からパンすると墓地と教会が見える。村の遠景。三四〇度のパン。

——ブルターニュ地方カレー郡の三つの村では、事態は以下のようであった。トレオガン、富裕な家族一〇、零落家族一〇、物乞いの家族一〇。モトレフ、資産家族四七、中流家族七四、貧乏

な日雇い家族六四。〔……〕
パリ市、モンマルトルの第二の高台から見た光景。大きな煙突が見える。
——都市において状況がこれより良いということはなかった。パリでは、住民六五万人のうち一万八千七八四人の極貧者がいた。[10]

このようにストローブ＝ユイレは原作のテクストであつかわれる村や町へいって、その場所をパノラマショットなどを駆使して撮影している。その映像や現場音に重ねられるダニエル・ユイレの声は、フランス革命の時代に、比較的肥沃だと見なされていたフランスの各地方において、いかに農民たちが窮状に追いこまれていたかという文章を滔々と読んでいく。その演出の手つきは、いわゆる「風景論」の映画を思わせる。ところが、足立正生や松田政男らによる『略称　連続射殺魔』(69)が、永山則夫が見たであろう日本列島の各地を撮影しながら資本主義と権力による風景の画一化を発見したのに対して、ストローブ＝ユイレの『早すぎる、遅すぎる』はもっと実直な態度をとっている。風景のなかに政治権力の因子を見いだすような操作はなく、ただその場所の風景の表面にとどまり、ひたすらエンゲルスの手紙の朗読を並走させるのだ。ここでは、映像トラックと音声トラックの関係は離接的である。そのことが映像と音声のあいだに何を見てもいいような、鑑賞者の解釈にゆだねる余白をつくっていると同時に、わたしたちがそれまでの映画であまり経験したことがない視聴覚的な時間を形成しているのだ。

Ａパートは、フランス各地の風景をとらえたシークエンスのあと、最後に田舎道のわきにある建物の壁に「農民たちは反抗するであろう　一九七六」と、赤いペンキで書かれた落書きを撮ったロングテイクで締めくくられる。

エジプトの革命

ストローブ＝ユイレの『早すぎる、遅すぎる』ではフランスをあつかったＡパートが約二七分で終了し、そのあとに約一時間一五分あるエジプトの革命を題材にしたＢパートがつづく。ここでも一旦「Ｂ　マフムード・フセイン」という章題が字幕で入り、スタッフと朗読者のクレジットロールが流れる。ＡパートとＢパートが明確に二部にわけられていることがわかる。マフムード・フセインというのはふたりの人物による筆名で、エジプト人のマルクス主義者バフガト・エル＝ナーディとアーディル・リファアトのことである。「エルナディィは一九三六年にファラスクルで生まれ、リファアトは一九三八年にアレクサンドリアで生まれた。彼らはナセルの大統領就任期間中に政治犯として五年間収容所に投獄され、その後、欧州に亡命した」人物であるということだ。[11]

このBパートもまた、フランスの平民に関するAパートと同様に、マフムード・フセインの著書『エジプトにおける階級闘争』のあとがきの朗読にあわせて、エジプト各地の風景をロングテイクやパノラマショットを駆使して見せていく。ストローブ＝ユイレはエンゲルスの書簡のときと同じく、文章に登場する地名と同じ場所で撮影することで映画のリアリティを確保している。また、フランス語版と英語版を筆者であるエル＝ナーディ自身が朗読することも、同じ目的からきているにちがいない。Aパートが一八世紀後半のフランス革命の話題であったのに対して、Bパートのフセインの文章もまた一七九八年のナポレオン軍のエジプト遠征の話題からはじまり、AとBのあいだの橋渡しの役割を果たしている。

とはいえ、Bパートでは主にイギリスの植民地だったエジプトの二〇世紀における独立闘争の歩みがあつかわれる。

エジプト国民は圧制にもじっと耐える方だというのは、植民地主義が広めた神話であって、エジプト国民の歴史がそれを否定している。その歴史は何千年にもわたる勤労階級による激しい反抗の絶えることのない叙事詩である。西欧の植民支配者に対する抵抗において、都市の大衆と農村の大衆が交替したのは、ボナパルトの指揮するフランス軍遠征の時からだ。[12]

この引用は『早すぎる、遅すぎる』のBパートの冒頭で読みあげられるマフムード・フセインの文章である。ナポレオン撤退後のエジプトでは、一九世紀から二〇世紀初頭にかけてスエズ運河の権益などをめぐって、フランスやイギリスなどの植民地主義的な国家が争う舞台となった。エジプトでは幾度となくヨーロッパの傀儡政権が権力をにぎったが、それに対抗して抑圧された貧しい農民たちが武装蜂起をしてきた歴史があるとフセインは指摘する。つまり、エンゲルスをあつかった「A」とは時代も場所も異なるのだが、困窮した農民が革命の主体になるという点で、「A」と「B」のテーマは一致しているのだ。それをストローブ＝ユイレは、エジプト各地の風景をとらえたロングテイクとオフ・ヴォイスによる朗読の組みあわせによって、Aパートと同じような視聴覚の経験をつくりだしている。

マフムード・フセインは別の著書で次のように書いている。

この点、エジプトの例を見ると実にはっきりしている。この国では、一九四五年から四七年にかけて、英国の軍事占領を終わらせようとする大規模な大衆運動が盛り上がっていたが、一九四八年にパレスチナ戦争が始まると、反英闘争は一時中断された。当然のことながら、イスラエルという国は〝よそ者〟であり、〝略奪者〟とみなされていたわけで、アラブの志願兵や正規軍兵士がそのような国の軍を相手に立ち上がったことに世論は高鳴った。[13]

エジプトは労働者や農民を主体とした民衆の手による革命によって、一九二二年にイギリスの植民地主義から一応の独立を果たしたのだが、フセインが指摘しているように、その後もイギリスによる間接的な支配は終わらなかった。それに加えて、王宮周辺の貴族階級、民族主義的なブルジョワジー、労働者や農民たちのあいだにおける階級闘争もつづいていった。そして、第二次世界大戦後の一九四八年には、中東の真んなかにヨーロッパによるアラブ世界への植民地主義の象徴であるイスラエルが建国される。マフムード・フセインは、そこからイギリスに対する反植民地主義的な闘争が中断されて、エジプトや周辺諸国を巻きこんだ対イスラエル戦争の時代へと突入していったと分析している。

ここで、わたしたちはいま一度、ストローブ＝ユイレにおける民族学的なドキュメンタリーへの関心を思いだすべきだろう。彼らの映画におけるシネマ・ヴェリテ的なリアリズムの追求についてはすでに論じた。わたしは『早すぎる、遅すぎる』でエジプトの革命をあつかったこのＢパートが、ストローブ＝ユイレ流の民族誌映画として成立しているのではないかと考える。それは、ただ単に異文化であるアラブ圏のエジプトを撮影対象としたからではなく、民族誌映画になくてはならない倫理観に貫かれているからだ。すなわち、カメラによってエジプトの人びとや風景をエキゾティックな文化的他者として収奪するのではなく、その映像と音声を彼らの役に立てるためにフィードバックするということだ。Ｂパートにおいて、一見素朴に撮っているだけのように見えるエジプト各地の風景のロングテイクは、実は非常に考えぬかれたものだ。エジプトの人びとや建築物に対して適切な距離をとるためにロングショットを多く使い、鑑賞者がそこに映る被写体に対して観光的な興味をもつことができないように撮られている。それはエジプト人が書いたテクストをエジプト人の朗読者が読みあげなくてはならないとする倫理と同種のものだ。

ストローブ＝ユイレのもっとも民族誌映画らしいロングテイクのショットは、ちょうど『早すぎる、遅すぎる』の作品の中盤に置かれている。それはエジプトの精糖工場の出口を固定カメラでとらえた映像である。いったん画面が暗転して、終業のサイレンが鳴り響くと、工場の出口に大勢の歩いている人たちや自転車を押す人たちが行きかう雑踏の映像になる。精糖工場の出口の場景を長まわしの固定ショットで見せながら、マフムード・フセインが書いた次のような文章が朗読される。

一九一九年には英国占領に対する革命が起こる。土地を奪われた貧しい農村の大衆がその主力となり、交通路の破壊を繰り返し、占領軍との無数の武力衝突を試みた。そして民主主義革命の目的が救国の目的と結びついた。人民政権の萌芽が現れたのだ。大地主に対する武装蜂起が見られた。労働者、失業者、学生、小売店主、公務員が、その年を通じて、カイロやその他のほとんどの大都市の街頭で、それまでになかった大きな、激しいデモにおいて連帯した。労働者らは独自の闘争形態へと移行することになる。工場占拠や鎮圧部隊に対する自衛である。[14]

たしかに朗読される音声の内容と相まって、労働者の群衆が工場の前を行き来する映像から、彼らが次なる革命の主体になるかもしれないというエネルギーが伝わってくる。しかし、このショットには別の側面もある。それはもちろん、世界最古の映画とされるリュミエール兄弟の『工場の出口』(1895)を揶揄しているということだ。当時リュミエール兄弟は写真機材などを製造する工場を営んでおり、自分たちが所有する工場から出てくる労働者たち(その多くが女性)を撮影した。そのことによって『工場の出口』という映画には、資本家やブルジョワジーの立場から労働者を監視する視線があるという批判や、テイク2はリュミエール兄弟が労働者たちに指示をだして動きを演出したものだという指摘がある。

それに比べると、ストローブ=ユイレのカメラは、工場の出口を行きかう人びとから充分な距離をとっている。その距離は、撮影がおこなわれていることに通行人が気がつくことができるだけの充分な近さをもち、それと同時に、人びとが思い思いの方向へ進行することを妨げないだけの遠さを保持している。ストローブ=ユイレが的確な位置からショットを撮るということは、フレームにおける構図のバランスや、光と影の具合、レンズにとらえられる被写体のサイズやその美しさだけにとどまらない。彼らのカメラと被写体とのあいだに横たわる、他者に関わるための距離という政治性をも含んだ問題なのだ。それが『早すぎる、遅すぎる』という映画のBパートが、民族誌映画としても見ることができるとわたしが考える最大の理由である。

1 Claudia Punmmer, "(Not Only) for Children and Caveman," *Jean-Marie Straub & Daniele Huilet*, Edited by Ted Fendt, SYNEMA Publikationen, 2016, p. 8 を拙訳。

2 細川晋編『ストローブ＝ユイレの映画』フィルムアート社、一九九七年、八頁。

3 Punmmer, "(Not Only) for Children and Caveman," p. 32 を拙訳。

4 『ストローブ＝ユイレの映画』、一二七頁。

5 Punmmer, "(Not Only) for Children and Caveman," p. 60.

6 『ストローブ＝ユイレの映画』、一二八頁。

7 「エンゲルスからカウツキーへ 一八八九年二月二〇日」『マルクス・エンゲルス全集37 書簡集 1888–1890』大内兵衛・細川嘉六監訳、大月書店、一九七五年、一二六—一二七頁。

8 『ストローブ＝ユイレの映画』、一二八頁。

9 「エンゲルスからカウツキーへ 一八八九年二月二〇日」、一三一頁。

10 『ストローブ＝ユイレの映画』、一二八—一二九頁。

11 同前、一二七頁。

12 同前、一三〇頁。

13 S・フリードレンダー、M・フセイン『ユダヤ人とアラブ人——昨日・今日・明日』ジャン・ラクチュール編、早良哲夫訳、サイマル出版会、一九七九年、六頁。

14 『ストローブ＝ユイレの映画』、一三二頁。

光の叙事詩

王兵の『鉄西区』と『死霊魂』

九〇年代の中国東北部

中国の東北部を旅したことがある。一九九五年の夏のことで、わたしはまだ文学や芸術よりも国際政治やジャーナリズムに興味がある学生だった。一か月半ほど中国を歩いてまわったが、加熱しはじめた中国経済を反映していたのか、上海、南京、北京、どの都市へいっても建設ラッシュで沸いていた。国をあげて工事中という印象だった。ところが東北部ではどこへ行っても、まだ経済発展の動きから取り残されている空気があった。

北京から東北部をとおり、北朝鮮との国境の街である丹東に向かう線は、K27／K28次列車と呼ばれる。外国人用のチケットを買い、夕方にその列車に乗りこんだ。食堂車で夕飯を食べ終えたあとで青島《チンタオ》ビールを飲んでいると、となりの卓で賭けトランプをしていたひとりが飽きたのか、話しかけてきた。片言の北京語と筆談で会話をしたら、東北部にもどる鉄道工であるらしく「もっといい飲み物があるから」といって、彼らの寝台車両に誘われた。酔いがまわり、日本人《リーベンレン》と鉄道工のあいだで四〇度近い白酒《パイチュー》の飲み比べになった。その頃はいくら飲んでも酔わず、吐かないことが自慢であった。上半身が裸姿の男たちから「お前は強いなあ」と感心され、何度も肩を叩かれた。それが東北部の庶民とじかに接したはじめての経験であった。

翌朝、遼寧省の瀋陽《シェンヤン》の駅におりた。満州時代には奉天だった駅舎がまだ改築される前で、だだっ広い駅前広場に荷物を持った人びとが座りこみ、リヤカーを引いた饅頭《マントウ》売りたちがいた。日本が植民地時代に建てた洋館や、街のあちこちにあるハングルの看板を見ると、東北部にきた実感がした。舗装されていない道路が多く、砂ぼこりの多い道路に群衆、自転車、リヤカーが行きかう。真夏の暑さゆえか、老人たちは椅子をだして腰かけ、道ばたで賭けごとに夢中になる人びとの輪もあり、どこも通りが人であふれて混沌としていた。満州時代に日本が工場をつくり、戦後は中国が誇る重工業地帯になった「鉄西区」に、そのとき足をのばさなかったのは残念だ。そうすれば、王兵《ワンビン》が映画を撮影する直前にそのエリアを見ることができたのだから。

東北部をおとずれた目的のひとつは、国境まで行って、日帰りでもいいから北朝鮮に入る方法がないかを探ることだった。国境をわけている鴨緑江の川辺まで行ったが、中国と北朝鮮をつなぐ橋をながめただけで終わった。東北部を旅するまでは、そして王兵の『鉄西区』(02)を観るまでは、わたしにとって東北部の庶民は目に見えない存在にすぎなかった。もしかしたら、戦前戦中に新天地を求めて入植者や移民として大陸にわたった人びとにとっても同様だったのかもしれない。敗戦で引き揚げるときに多くの残留孤児を引き受けたのは、そうした地元の庶民であったのだが。大声で中国語をまくし立てる中華料理店の店員や、寡黙に鍋で炒め物をつくる料理人といった隣人として目前に現れることがあっても、彼らがどんな仕事や家庭をもち、どのような喜怒哀楽のある生活を送っているかを気にかけることはなかった。わたしたちが『鉄西区』を観るときの特殊性は、そこに描かれるできごとやその歴史が自分と深い関係をもつのに、これまで不可視の存在として退けてきた人びとに映像を通じて出会いなおすことにあるのだ。

王兵のダイレクト・シネマ

ドキュメンタリー映画『鉄西区』の冒頭のテロップは、次のように説明する。瀋陽市の鉄西区というエリアは、満州時代に日本軍の武器や装備、軍需用の機械設備を製造するためにつくられた工業地帯であった。戦後には、民需工場への転換がはかられて国営企業が多く参入し、八〇年代には一〇〇万人の労働者が働いていた。九〇年代に入ると経営が傾いて、一九九九年の末にはほとんどの工場が操業停止に追いこまれたという。
「第一部 工場」では、雪が降りつもる鉄西区のなかを貨物車両が延々と進んでいく、最初の長まわしのショットがいい。観る者が、たったいま読んだばかりの歴史的記述を頭のなかで反芻しながら、寒々とした東北部の工場地帯の風景に、さまざまな過去のできごとを想像することができるからだ。それと同時に、これからはじまる長大な叙事詩の舞台にゆっくりと入りこんでいく厳かさもある。この映画の最大の特徴は、王兵というひとりの青年が小さなヴィデオカメラ一台を使って中国の大きな歴史に対峙し、「五〇年におよぶ計画経済の遺産と、数十年にわたる社会主義制度での生活が中国の個人、家庭、そして社会にいかに影響を与えたかを検証」していくところにある。[1]
一方で『鉄西区』のような映画を可能にした背景には、デジタル撮影の技術革新があった。まずフィルムカメラと録音機の軽量化や同期録音が可能になり、一九六〇年前後から北米ではダイレクト・シネマ、フランスではシネマ・ヴェリテの映画が撮られるようになった。一九九五年前後のデジタル・ヴィデオカメラの革命以降は、誰もが高画質の映像を撮影・編集できる環境が整っていった。王兵のインタビューの言葉を借りれば、それによって「容易に人々の生活の中に入っていくことができるようになった」のだ。おもしろいのは、フィルム時代のダイレクト・シネマと、九〇年代後半以降のデジタル化による動きに共通して、ナレーション、説明テロップ、背景音楽、インタビューを排した「四無い主義」を重視する傾向が見られることだ。数人以内で撮れるようになったドキュメンタリー映画が、説明過多に陥ったテレビ・ドキュメタリーの方法を批判し、より直接的に生《なま》の現実をとらえるためにとった方法だといえる。

そうはいっても『鉄西区』にはテロップが入るし、工場労働者や町の人がカメラのほうをむいて話すインタビューに近い場面も含まれている。この作品がダイレクト・シネマの要件を満たすかどうかよりも、もっと重要なことは、容易に人々のなかに入りこめることになった小型ヴィデオカメラを使いながら、王兵が反対に撮影対象から距離を保つスタイルを確立していったことであろう。「僕は自分が消え去って、ただ目の前で起こっている出来事を記録したいと思っていますし、彼らの生活の邪魔をしたくないと思っています。静かに部屋の隅に座って、カメラから目を話《〔ママ〕》さず、じっと見続けます」と彼はいう。[2] ここには獲物を捕らえようとするカメラの視線が感じられない。凝視をつづけることで、フレーム内に何かが入ってくるのを待ちかまえているかのようなのだ。

王兵の特徴的なカメラワークのひとつに、歩いている人の背中を追いかける手持ちカメラの移動撮影がある。「第一部 工場」では、労働者が瀋陽製錬所の銅製錬工場や銅電解工場、あるいは工場内の風呂へいくときに、カメラは背後から彼らについていき、新しい場面の展開をもたらす（『鳳鳴《フォンミン》 中国の記憶』〔07〕でも、鳳鳴が自宅に帰っていく後ろ姿を追ったロングテイクで幕があがる）。これがテレビ・ドキュメンタリーの撮影現場であったら、「どうして前にまわりこんで人物を正面からとらえない！」といって上司から怒鳴りつけられるところだ。しかし、撮影対象となる人たちの生活に介入せずに記録することを目ざす王兵のカメラは、決して彼らの進路をふさぐような真似はしない。技術的には、容易に人びとのリアルな生活のなかにカメラが入りこめるようになったからこそ、倫理的には、カメラが彼らの生活や行動を左右しないような距離や位置を保つのである。

その姿勢は見事に、王兵らしい撮影スタイルを確立させることになった。だが観る側としては、ときどきその傍観者的な距離の取り方に物足りなさもおぼえる。たとえば、班長が王兵にむかって「製銅工場に来るなら防塵のためにマスクをしろ」と注意したり、工場労働者の休憩室でひとりの男が「俺たちはみな鉛中毒の患者だ」と、カメラの存在を意識しながら公害について弁舌をふるったりする場面がある。王兵は鉄西区の全体像を記録するべく、さまざまな職場を転々と移動することに重きをおいて、労働者へのインタビューや医師などへの取材を通じて「鉛中毒」のテーマを掘り下げるようなことはしない。その態度は、独自の撮影スタイルに一貫性をもたせることや、映画全体の構造における整合性を保つことには貢献するが、現場で生起する重大な課題をやりすごしているのではないかという疑念を抱かせることもある。

王兵の『鉄西区』では、鉛中毒の問題も、国営企業による不払いや解雇の問題も、労働者住宅の強制退去の問題も、メインテーマとして掘り下げられることはなく、それらは九時間持続する映像のなかで主題の萌芽のような状態で浮きあがり、また沈んでいく。それでは、王兵はこの映画で何を描こうとしているのか。たしかに彼の映画は、地方政府や国営企業を声高に批判したり告発をしたりすることはないが、経済や社会の矛盾によってひどい境遇に陥った「忘れられた人々」の姿をスクリーンに登場させる。インタビューによれば、西安に生まれて農村で母親に育てられた王兵は、子どもの頃から畑仕事を手伝い、一四歳のときから働きはじめた。その後、瀋陽市にある美術学院で写真を専攻し、北京電影学院で映画の勉強をしたのち、いくつかの現場でスタッフとして働いた。そして処女作を撮るために、かつて写真に撮ったことがある瀋陽の工業地帯にもどり、一九九九年から一年半かけて撮影したのが『鉄西区』であった。

少し話が逸れるようだが、『忘れられた日本人』という本を書いた民俗学者の宮本常一は、瀬戸内海にある離島の農家に生まれ育った。それまでの中央集権的で官僚的であった民俗学ではなく、泥にまみれた庶民生活のなかに農民や庶民のたくましさを発見し、彼らがお上《かみ》による納税や飢饉のせいでどれだけ辛酸をなめさせられてきたかを明らかにした。宮本自身が百姓の出であったから、どこへ調査にいっても村落共同体のなかに溶けこむことができ、貧しくて教養がないとして顧みられなかった農民や庶民とも打ちとけて話すことができた。貴族や武士が政変や戦《いくさ》をくり返してきた史書に残された支配者の歴史ではなく、文字に残されなかった庶民の歴史を生活誌によって書こうとしたのだ。わたしは王兵という人が撮りつづけているドキュメンタリー映画に、それと似たにおいを感じとる。

中国はかつて農業国家で、国民のほとんどは農民でした。そして、共産主義のシステムのもとでは、生まれ故郷を離れて、経済的により豊かな生活を得ようとする可能性を人々は手にしていませんでした。しかし、一九七八年に始まった改革開放政策によって、人々は自由を手にしました。それは、より多くの金を得る自由です。そして九〇年代以降になると、農民は農村から次々と出て、海岸沿いの浙江省や広東省などの大都市に出稼ぎに行き、とにかくお金を稼ぐ機会を見つけようとするようになりました。農村では人口に比べると土地が少なく、経済的条件も悪く、全ての労働力を受け入れられず、そこで仕事のない者の多くは海岸沿いの都市へと働く場所を探しに行くようになったのです。[3]

実はこの鄧小平らが主導した「改革開放」という近代化政策によって、沿海部に資本主義経済の拠点がつくられて繁栄していった反面、瀋陽のような内陸部の工場地帯は不況に陥り、一〇〇万人単位の失業者をだしてしまったのだ。いうまでもなく、『鉄西区』は計画経済の時代につくられた国営企業が閉鎖にむかうなかで、精錬工場、ケーブル工場、圧延工場の労働者たちが給与を遅配され、臨時工になり、解雇され、さらには事故や公害におびえる姿を撮っている。だからといって、労働者の日常がつねに不安だらけで暗い怒りに満ちていたかというと、そうではない。彼らは仕事の合間に風呂に入り、休憩室で冗談や艶話に花を咲かせる。王兵のカメラは、中国の将棋である象棋《シャンチー》、ビリヤード、麻雀、新年を祝う宴会やカラオケ、賭けトランプなどの気晴らしに彼らが興じる日常的な時間をおさめていく。

「第二部 街」では、零下三〇度になる東北部の寒い冬の季節に、鉄西区の労働者住宅の取り壊しと再開発が決まって、当局によって住み慣れた家から追いだされていく姿を撮っている。とはいえ、このパートでも悲惨さばかりが画面をおおうわけではない。地元で宝くじの抽選会が開かれれば、若い労働者たちのあいだには色恋沙汰もあり、爆竹で祝う心浮き立つ夜もある。東北部の庶民がすぐそこで普段どおりに振る舞っているという感覚を得る。たしかに失業者は貧しくて、暇つぶしをする人たちの姿はだらしなく見えるが、ここに中央から忘れられてきた、声をもたない人たちの生きた感情や生活があるとも感じる。映画は決して饒舌に話すことはないが、彼ら庶民こそが地方社会をつくってきた主役であり、その歴史や文化に貢献してきた人たちだといいたげに見えるのだ。

わたしは、標高二〇〇〇から三〇〇〇メートル級の山々が複雑につらなる、中国の雲南《ユンナン》省を旅したことがある。そのときは、紅河ハニ族イ族自治州でハニ族とヤオ族の民俗調査をすることが目的だった。ベトナムと国境を接する河口《ハーコウ》駅からバスで一〇時間をかけ、緑春《リューチュン》の町まで蛇行する山道をあがっていく。途中から砂利道になり、霧雨で崖くずれが起きて行く手をふさぐ光景を目にし、命の危険をおぼえることもあった。さらにこわいことに、県境や町の出入り口に検問所があって、常に「公安辺防」と呼ばれる国境警備隊が監視していた。

外国人なので検問所で氏名、国籍、滞在先などを書かされるのは仕方ないが、乗客全員がバスから降ろされ、公安に荷物の中身を隅々まで調べられるのはたまらない。雲南のベトナム、ラオス、ミャンマーと国境を接する地域は、過去に麻薬商人が多かったという。特にチューブ状の物品や粉末が怪しまれ、ポーチに入れていた整腸剤の瓶や、歯みがき粉の中身まで調べていた。ようやく着いた金平《ジンピン》や緑春の町は経済的に発展していたが、調査のために山道を村々へわけ入ると、農家の貧しさがひときわ目立った。話を聞いて歩いていたら、漢族の村でも少数民族の村でも、村に残るのは老人や子どもばかりで、若者や大人は遠い都市部に出稼ぎにでている家庭が多かった。

王兵のフィルモグラフィを見ると、すぐに気がつくのは雲南省を題材した作品が多いことである。

『三姉妹~雲南の子』（12）では雲南の山中にある子どもだけの家庭を撮り、『収容病棟』（13）の舞台となる精神病院も雲南にある。『苦い銭』（16）で湖州市の縫製工場へ出稼ぎにでる少女は、雲南から電車とバスを乗りついで都会にでる。『タアン』（16）という民族誌的な映画ともいえる傑作では、雲南とミャンマーにまたがって住むタアン族の難民を撮っている。未見だが『上海の若者』（19）という作品では再び雲南からの出稼ぎ者を撮り、他にも『喜洋塘』『孤独』『父と子』という雲南省で撮った作品があるそうだ[4]。

もうひとつ、王兵映画での特権的なトポスであるのが、反右派闘争の歴史をあつかった『鳳鳴 中国の記憶』、『無言歌』（10）、『死霊魂』（18）の三作の舞台となった、夾辺溝《ジアビエンゴウ》や明水村がある甘粛《カンスー》省である。こちらは雲南とは対照的に、内モンゴルやウイグル自治区や敦煌の史跡にも近い、ゴビ砂漠の広がる乾燥した土地である。山深い雲南省やステップ地帯の甘粛省が、政治経済の中心である北京や上海や武漢といった都市部から見れば、中国国家の「辺境」に位置するのは偶然ではない。なぜなら、公の歴史からは忘れられてしまう労働者、庶民、少数民族、移民や難民、囚人、精神病者といった中国社会における底辺の人びとの現実を記録するには、経済的な格差や不当な処遇が荒々しくあらわになる「辺境」に赴かなくてはならないからだ。

王兵は『死霊魂』を完成させたことで、『鳳鳴』『無言歌』から続く夾辺溝の収容所に関する三本の作品を一四年がかりで撮りあげたことになる。どうして、これほどまでに反右派闘争のモティーフにこだわってきたのか。インタビューによれば、王兵の父親の兄弟のうち二人が「右派」として告発されたが、「反右派闘争」が中国全土に広まっていたこと、それによって人びとが送りこまれた再教育収容所で何が起きていたのかは詳しく知らなかったという。[5] 二〇〇四年に友人から渡された楊顕恵《ヤンシエンホイ》の小説『夾辺溝記事』を読み、映画化したいと思ったのがはじまりだった。

背景は一九五七年〜五八年に起きた反右派闘争と直後の大躍進政策の失敗、五九年から六一年の三年の自然災害です。右派と断定された人々はゴビ砂漠地帯の「夾辺溝」という場所で再教育と称される強制労働に従事させられ、自然災害による全国的な食糧不足で餓死者が続出する事態となり、無実の人々がつぎつぎと死んでいきました。衝撃を受けるまま、僕は単純にこれを劇映画に撮らねばと決心しました。[6]

劇映画を撮ることを念頭に置き、そのためにリサーチをしながらできるだけ多くの生存者を見つけ、同時に証言記録のドキュメンタリーを撮ろうと考えた。そして、二〇〇五年から三年かけて生存者たちにインタビューしていった。『無言歌』は劇映画として六年の月日を費やしたが、続いて撮るはずだった『死霊魂』はあいだに『三姉妹』や『収容病棟』の製作が入ったので延期になり、ようやく二〇一八年に完成。王兵の製作プロセスをたどるだけでも、この作品が入魂の一作であることがわかる。

だが、それ以上に『死霊魂』は、従来のドキュメンタリーのつくり方をぶっ壊し、デジタル時代の映画のあり方さえも変えてしまう爆弾のような作品である。それは、どういうことか?

イメージで記憶を描く

上映時間が八時間を超える『死霊魂』を映画祭で、休憩をはさみながらも一息に観る体験は、長大なオペラを鑑賞するときのような不思議なカタルシスをともなった。第一部では静かな導入のなかにテーマが示され、第二部で少しずつ核心部分が展開されて深められる。第三部では、死者と生者の交流をつうじて、荒野に散らばる骨となった亡者たちに人間感情が復活していく。しかも『死霊魂』は一本で完結する世界ではなく、変奏曲としての『鳳鳴』や『無言歌』を観てきた記憶と、眼前で展開される視聴覚の経験が合わさって、さまざまな旋律がひとつのうねりに合流し、交響曲として鳴り響くのだ。最後に明水分場の共同墓地だった荒野で、王兵が手持ちカメラで遺骸たちをおさめていく一一分の長まわしのワンショットによって、この壮大なシンフォニーは静かに閉じられる。

最後まで見とおしたとき、頭に思い浮かんだのは、これがオーラル・ヒストリーを観る体験に近いのではないかということだった。「オーラル・ヒストリー」は政治、社会、諸地域を対象とする歴史研究において、特定の個人から直接的に体験や記憶を聞きとって記録し分析する。長らく文献や文書での作業が重んじられてきた歴史研究のなかで、近年になって、フィールドワークや口述歴史の重要性が再評価されてきたのだ。わたしは宮古島の南静園にあるハンセン病歴史資料館で、患者さんたちのインタビュー映像を見て一日をすごしたことがある。テレビモニター越しに当事者たちと相対し、その言葉だけでなく、声の抑揚、表情の変化、身ぶり手ぶりをつうじて彼（女）たちの苦難の経験を知り、活字を読むだけでは伝わり切らないものがあることを実感した。

その体験と比べると、当然のことだが映画作品である『死霊魂』には、オーラル・ヒストリーをはみだす要素が多く見られる。たとえば第二部の中盤では、蒲衍信《プーイェンシン》という元炊事係の老人が登場する。右派のレッテルを貼られた公務員の幹部や教師など知識層を中心に、三二〇〇人が夾辺溝の再教育収容所に送りこまれたが、そこを生きてでたのは約五〇〇人だけだった。第二部では、炊事係になって幹部のためにパンをこねていた者、盗み食いをした者、カメラの検査や修理の技術があったため移送された者、収容所から逃亡した者など、生存者たちの証言が集められる。蒲衍信の証言映像には、人間が半世紀前の古い記憶をどのように思いだすのか、そのディテールが記録されている。彼は飢餓から遺体の人肉を食べた張という男について話し、食べられた方の顔は思い浮かぶが、名前がでてこない。少しの間があって、収容所の診療所で働いていた男は「鄧先生」という名だったといい、彼が河南省の出身であわれな最期を迎えたのだと想起する。顔、名前、出身地、職業などを足がかりにして、当時のありさまがよみがえってくることがわかる。『死霊魂』には歴史の再構築において有用な証言だけでなく、オーラル・ヒストリーでは除外されそうな、過去を想起するプロセスそれ自体が映っている。

もうひとつ、例をあげよう。第三部の冒頭に登場する八四歳の李景沉《リージンハン》という、元師範学校の教師でキリスト者の語りだ。彼は共産党の思想矯正は受け入れたが、収容所に入れられても信仰は捨てなかった。教師だったせいか話し上手で、立ったり座ったり、全身を使う大きな身ぶりで過去を語る。まるで身体を動かすことが記憶の想起につながるとでも言わんばかりに。ある夜、彼は地下壕をでて、丘で「主よ、旧約聖書にあるような奇跡を起こして下さい、ウサギを一羽よこしてください」と神に祈った。すると、冬のゴビ砂漠にいるはずのない鳥が飛んできて、三羽が地面に落ちたという。一種の神秘体験だが、ここには歴史研究の領域に収まり切らない文学性がある。李があまりにユーモアたっぷりに人間群像を語るので、それが収容所のできごとだということを忘れてしまいそうだ。そういえば、ドストエフスキーの『死の家の記録』はラーゲリ(強制収容所)の外側と変わらぬ人間くさい社会を描いており、悲惨さのなかにおかしみが感じられる小説だった。李や『鳳鳴』に登場する和《ホー》鳳鳴《フォンミン》の語りに引きこまれるのは、彼(女)たちが一度回想録の本を書いているからだろう。無文字社会の口述歴史とは異なり、「書くこと」が記憶に道筋を与え、カメラの前で何時間も叙事的な記憶を語ることを可能にしたのだ。

第二部中盤の、同じく教師だった趙鉄民《ジャオティエミン》の語りは見事である。百家争鳴のなかで「党の問題点を指摘しろ」といわれ、正直に「欠点もある」といったばかりに収容所へ送られ、駅で妻と幼子と別れるシーンは涙を誘う。西安で働く女性が三人の子どもを連れて夫を訪ねてきたが、夫が死んでいることを知って首を吊ろうとした挿話などは、ほとんど短篇小説のようで、『無言歌』の中核を成す「上海の女」の物語にそっくりだ。おそらく趙の舌は自分の収容所体験をくり返し語り、その反復がエピソードに物語的な強度を与えたのだろう。聞き手の反応を見つつ、声の抑揚、音声の強弱やリズム、感情をこめた身ぶりが加えられ、それは「叙事詩」といえるまでの語りに高められる。趙はヴァルター・ベンヤミンがいうところの「物語作者」なのだ。人間の悲劇は反復して語られることで、公的な歴史とは異なる「民衆の歌」となる。その舌は語る機会を求め、聴く者を求め、見事に語ることで、不条理というしかない過去の暴力に対する癒しを得る。王兵が撮ったのは暴力の記憶だけでなく、彼のカメラのむこうにいる聴衆を求める語り部たちの姿であり、その舌であり、そのような意味では『死霊魂』は民族誌的な映画でもある。

八時間を超える長さをもつ『死霊魂』を観る体験は、英語圏、フランス語圏、日本語圏など中国語圏以外の話者にとって、分厚い長篇小説を読む体験に近いだろう。なぜなら、生存者たちへのインタビューを骨格にしたこの作品を、わたしたちは文字どおり字幕で「読む」ことになるからだ。しかも、王兵の映画の多くが中国国内で一般公開できていないので、その観客は外国語の話者ばかりだということになる。その事実をかえりみれば、『死霊魂』はソルジェニーツィンの『イワン・デニーソヴィチの一日』、石原吉郎の『望郷の海』、ヴィクトール・フランクルの『夜と霧』などと比肩できる、映像で描かれた「収容所文学」の一種であるといっても言い過ぎではない。

映画全体の交響曲的な楽章形式に加えて、個々のシーンは互いに連関性をもたされている。第一部の冒頭、周恵南《ジョウホイナン》とその妻の語りから、ベッドに横たわる弟の周指南《ジョウジーナン》へのインタビュー、そして、彼の葬儀において息子が遺体の前で父の生涯を語るシーンまでが、ひとつの緩やかな流れになっている。あるいは、第一部の終結部では、収容所の共同墓地があった跡地に、現代になっても犠牲者たちの遺骨が散乱している無惨な映像が映しだされる。第二部の開幕では、そのイメージに応答するかのように、第一部でインタビューされた曹宗華《ツアオゾンホワ》ら生還者が共同墓地をたずね、死者たちへの慰霊の儀式をするシーンが収録されている。

第三部は起伏に富んだ構成になっており、被害者だけではなく加害者側であった収容所の元職員である朱照南《ジュージャオナン》が登場し、「できることは何もなかった。君ならどうする？　不適切な考え方や間違った出来事に直面し、自分に変える力がない時はどうする？」という重い問いを投げかける。さらに、収容所で若くして死んだ裴紫豊《ペイズーフォン》という中学教師の手紙が提示されて、ついに死者にも自身の言葉が与えられ、その死者と対話をするかのようにして元妻が顚末を語っていく。それを物語とは呼べないが、証言や記録映像が有機的に構成されることで、感情が揺さぶられる文学性が獲得されている。そして「文学性」というのは言葉のあやではない。

ソルジェニツインが『収容所群島』を書いたとき、彼のやり方は、当然ながら多くの資料と文字によって構成したものです。しかし環境さえ整えば、映像でも同様に構成することが可能なはずです。ただ以前はフィルムだったから無理で、撮影環境の困難や技術的限界があり、しかも個人でカメラなどを操作するのもできなかった。フィルムをたくさん買うほどのお金などないし、撮影時間をかけることもできなかった。そのあと、デジタルになったら材料はずっと安く、操作も簡単にできます。こうした材料の変化が、映画に新たな空間と創作の可能性をもたらしました。[7]

王兵は『鉄西区』によって「ヴィデオカメラ一台で世界と対峙できることを証明した」と評された

が、『死霊魂』では、ヴィデオカメラの映像で巨大国家における社会的暴力の記憶を大長篇小説のように書いたのだといえる。それだけにとどまらない。『鳳鳴』がひとりの女性の個人史からひもとき、『無言歌』が収容所におけるできごとをフィクションで紹介したのに対し、『死霊魂』は反右派闘争が吹き荒れた時代に、社会の底辺におかれた庶民がどのように右派のレッテルを貼られ、再教育収容所へ送られて死んでいったのか、生還者はどのように残りの生涯を送ったのか、社会的な現実の総体を表現しようともくろむ。それは、かつてJ・P・サルトルや野間宏が「全体小説」で実現しようとした試みに近いといえるか。ドキュメンタリー映画にとどらまず、デジタル時代の映画全体にとって『死霊魂』がもつ革新的なインパクトはそこにある。

とはいえ、映画は文学ではない。それは光と影、色彩とグラデーション、イメージと音声によって、つまりは光によって歴史を描く芸術だ。過去の映像を引用することはできるが、ドキュメンタリーのカメラは現在進行形のできごとしか撮ることができない。劇映画やアニメーションのように過去をドラマで再現したり、小説のように虚構を物語ることはできない。であるから、王兵は徹底していま見聞きできるものだけを凝視する。目の前にあって手に届く存在から記憶をよみがらせ、そのむこうに歴史を構成しようとする。その制作態度を象徴するのが、王兵に特有のカメラワークであろう。

『鉄西区』では、工場の風呂場まで歩く男を背後から追う手持ちカメラの長まわしがあり、『鳳鳴』の冒頭では、集合住宅のなかを自室へと歩く和鳳鳴の後ろ姿を撮るロングテイクがあったが、このような王兵的なショットは『死霊魂』でも健在である。たとえば、第一部の終わり、明水村を開墾した農民に移住当時のことを訊きつつ、収容所の跡地である畑の畝やトウモロコシ畑のなかを、カメラは農民を背後から追う移動ショットで撮る。どうして、移動する人物を前方からとらえないのか。ドキュメンタリーの演出でいえば、正面や前方からのショットはカメラが人物を待ち受けることになるので、嘘っぽく映るということがある。それに加えて、王兵のカメラワークは歴史的なできごとを、後世になってから追いかける作家の姿のメタファーのように見える。

もっと重要なのは、王兵が常々「人物の動きを妨げることはしない」といい、壁にはりついた蝿のようにカメラが徹底的に観察者としてその場におり、起きるできごとに決して介入しないことだ。それは、デジタル化以降に可能になった新しいダイレクト・シネマのスタイルだが、『死霊魂』でのそれは別の文脈でも考えうる。藤井仁子は、海外に暮らしながら中国国内で作品を撮りつづける王兵は、「中国において幽霊のように存在を透明化することと引き換えに、当局の介入を免れることに成功している」[8]と指摘する。すでに名誉回復がなされた歴史的な事象とはいえ、反右派闘争の犠牲者の声を集めるという作業を当局が喜ぶとは思えない。現場で透明なカメラに徹する撮影姿勢は、作家が意識するか否かは別にして、作者の存在を政治的に透明化することに寄与するのだ。

ドキュメンタリーのカメラが歴史的な瞬間に立ち会い、その現実を記録することはほとんど不可能だ。それはいつも社会的な現実に一歩追いつかず、後になってから再構成されるたぐいのものだ。だからこそ、王兵は『死霊魂』を生存者たちの証言と、収容所の跡地のイメージで撮り切ろうとした。この映画では声高に叫ばれないが、反右派闘争の問題は、現代の中国人にとっても、わたしたちにとっても歴史の一部として終わらせてはならないものである。経済成長をなし遂げ、中国社会がずっと豊かになった現代でも、共産党政権は七〇〇〇万人におよぶとされる法輪功を一九九九年に全面禁止し、以降は信者たちを逮捕、監禁、拷問し、強制収容所に送りこんできた。新疆ウイグル自治区では、数十万人から一〇〇万人を超えるとされるウイグル人が再教育のために収容所へ送られ、固有の言語や文化、信仰が根絶やしにされようとしている。チベット人は長年にわたり独立への希望を抑圧されている。中国社会の矛盾はそうした「辺境」でこそ顕在化する。夾辺溝の収容所を題材にする三本の映画に描かれた反右派への弾圧は、過去のものではなく、現在も続いている問題だということが、『死霊魂』という映画が突きつけてくる最大のおそろしさなのである。

1 ワン・ビン「監督のことば」『鉄西区』DVDリーフレット、紀伊國屋書店、二〇一三年。

2 「今後も検閲を受けるつもりはない ワン・ビン語る」聞き手＝武井みゆき「WEB DICE」二〇一八年二月二日

(http://www.webdice.jp/dice/detail/5563/)。

3 同前。

4 土屋昌明・鈴木一誌編『ドキュメンタリー作家 王兵――現代中国の叛史』ポット出版プラス、二〇二〇年、八―九・三一四頁。

5 「王兵監督インタビュー②」聞き手・構成＝樋口裕子『ドキュメンタリー作家 王兵』、四七―五一頁。

6 同前、四九―五〇頁。

7 「王兵監督インタビュー①」聞き手・文責＝土屋昌明『ドキュメンタリー作家 王兵』、三〇頁。

8 藤井仁子「王兵という〈試し〉――『鉄西区』から『収容病棟』まで」『ドキュメンタリー作家 王兵』、一八九頁。

リティ・パンと七つの外部記憶

タイミング良く逃げた者たち、クメール・ルージュを免れた者たち、忘却した者たち、見たくないと思っている者たちに、私はこれらの映像を捧げる。彼らが見ることができるように。彼らが見るように。[1]

ふたつの新聞記事

「ポル・ポト派元最高幹部二人に終身刑　カンボジア特別法廷」

少なくとも一七〇万人の犠牲者が出たとされるカンボジアの旧ポル・ポト政権の人道に対する罪を裁く首都プノンペンの特別法廷は七日、元最高幹部の二人の有罪を認め、求刑通り終身刑の判決をそれぞれ言い渡した。二人は、元人民代表議会議長のヌオン・チア被告（88）と元国家幹部会議長のキュー・サムファン被告（83）。特別法廷で同政権の元最高幹部に司法判断が下されたのは初めて。この日出廷した両被告はこれまで無罪を主張し、放免を求めていた。二人は表情を変えずに判決文に聞き入った。両被告には上訴出来る権利がある。ヌオン・チア被告の弁護士は控訴を示唆し、キュー・サムファン被告の弁護団は上訴すると述べた。[2]

「大量虐殺の収容所長、自らの罪に許しを請うカンボジア特別法廷」

トゥールスレン収容所の所長だった元数学教師カン・ケ・イウ被告（通称ドッチ）の公判が開かれた。「ドッチ」被告は法廷で、一二〇〇〇人の虐殺に関する自らの罪を大幅に認め、犠牲者に許しを求めると同時に、自らも極端な共産主義を展開したポル・ポト派幹部の「スケープゴート」で、悪名高い収容所運営の命令に従ったのは、自分の家族を守るのためだったと訴えた。一九九九年の逮捕時にはキリスト教に改宗していた同被告はさらに「許しを請うための窓をわたしに与えて欲しいというのが、今現在わたしが懇願することだ」と語った。[3]

クメール・ルージュ（別称で赤色クメール、カンプチア共産党）は一九七五年から七九年の五年間、「民主カンプチア」の政権を担った。その五年間で、七七〇万人いたカンボジアの人口のうち、一五〇万人から二〇〇万人が強制移住させられて、強制労働、飢餓、病気、拷問、処刑などの虐殺で亡くなったとされる。七九年以降は西部のジャングルに逃げこみ、その地域を支配してクメール・ルージュの幹部は生きつづけ、プノンペン政府と内戦をつづけた。九八年頃になってようやくクメール・ルージュは崩壊し、高齢化した幹部の投降が相次いで、虐殺の法的責任を求める議論が国際的に高まった。近年は幹部の病死がつづいており、特別法廷における判決が急がれている。ここにあげた新聞記事でも、その状況をうかがい知ることができる。

クメール・ルージュの幹部の近年における動向を確認しておく。元首相で元書記長のポル・ポト（本名サルット・サル）は一九九八年に病死した。元議長のヌオン・チア（ナンバー2）は九八年に王国政府に投降し、二〇一三年に終身刑（カンボジアでは最高刑）の判決を受けている。元議長のキュー・サムファンもやはり九八年に投降し、一三年に終身刑。元副首相イエン・サリ（ナンバー3）は恩赦と引きかえに九六年に投降し、一三年に病死した。元軍参謀長タ・モクは九九年に逮捕され、〇六年に病死。元副首相ソン・センは九七年にポル・ポトによって粛清され、殺害された。元トゥールスレン収容所長ドッチ（本名カン・ケク・イウ）は九九年に投降し、一三年に終身刑になっている。

ここからわかることは、カンボジアでは近年まで虐殺の責任者が裁かれてこなかったことだ。そして、その部下たちも同様である。彼らの多くは無罪放免されて、いまもどこかで何食わぬ顔をして暮らしている。その一方、強制労働や収容所で死んだ人たちのことは忘却され、若者はその史実に興味すらもたない。カンボジアの国土を掘りおこせば、現在でも多くの遺体が発掘されるという。カンボジア人のリティ・パン監督は一九八九年にデビューしたが、近年は『S-21 クメール・ルージュの虐殺者たち』（03）、『ドッチ 地獄の収容所長』（11）、『消えた画』（13）と虐殺に関する作品を作りつづけている。このことと、九〇年代後半から二一世紀に入ってクメール・ルージュの元幹部たちが逮捕されていることにどんな関係があるのか、三〇年の月日がたち、機が熟したのかどうかを考えたい。それは、恩赦や元幹部の病死などによって、誰も責任をとらずに虐殺が忘却されることへの抵抗なのではないだろうか。

外部記憶――土、人形

リティ・パン監督の『消えた画』は、一九七五年以降のプノンペン市民（新人民＝都会人、知識層）らの集団農場や農村への強制移住、強制労働をあつかっている。クメール・ルージュが新人民を農場へ移住させた理由のひとつは、メコン河のデルタ地帯で河川の氾濫がつづき、浮稲などの収穫が限られていたことがあげられる。これを強制労働による堤防工事などで整備して、収穫高を三倍にする計画を立てていた。それから、クメール・ルージュは極端な毛沢東主義の思想によって原始共産制への移行を試み、専門知識、貨幣、私財、宗教を否定した。新人民を教育して旧人民（農民）か軍人、あるいは労働者にしようとした。デービット・P・チャンドラーの『ポル・ポト伝』は、ジャングルでのゲリラ時代に出会った山岳少数民族のあり方に、ポル・ポトが理想を見たことを指摘する。[4] 党幹部だけが頭脳として機能すべきであって、知識人は反乱を起こす可能性があるので処刑したのだ。そして学校、工場、病院を次々に閉鎖していった。

病院の裏の広い土地に、いくつもの墓穴が点在していた。私たちはかなり正確な地図に従い、子ども、女、男を別々に埋めた。その埋め終わった墓穴の上に、まもなくクメール・ルージュはサヤインゲン、キュウリ、ズッキーニ、カボチャを植えた。人間の死体は良い肥料になる。[5]

この部分を読むと、リティ・パンが『消えた画』において、どうして土人形とジオラマによって、強制移住の前後のカンボジアを再現しなくてはならなかったのかがよくわかる。ラストシーンで、リティ・パンの父親の遺体が「土」に埋められるところは強い印象を残す。だが、このようにきちんと弔われたものはまだいい。弔われなかった死者たちは、いつまでも成仏できずに辺りを彷徨っていることになるのだ。たとえば『消えた画』では、ヴォイスオーバーで「犠牲者たちの埋められた土から人形をつくる」と説明する。あるいは、虐殺された人たちの墓場になった土地にクメール・ルージュは野菜を植えさせたが、それを食べる人は誰もいなかったというエピソードを紹介する。虐殺の犠牲者たちが葬られた土、彼ら／彼女たちが強制労働をさせられた土に、人間の身体の外部に残る記憶媒体として語らせる必要があったのだ。

しかし、その「土」が虐殺の記憶をわたしたちに伝えるためには「人形」の形象をとる必要があった。ヴァルター・ベンヤミンは『パサージュ論』のなかで、次のように書いた。「過去がその光を現在に投射するのでも、また現在が過去にその光を投げかけるのでもない。そうではなく形象の中でこそ、かつてあったものはこの今と閃光のごとく一瞬に出あい、ひとつの状況《コンステラツィオーン》を作り上げるのである」[6]。いいかえれば、その土が「人形」の形象を取るときにこそ、わたしたちは忘却された過去や記憶と出会うことができるのだ。

ところで『消えた画』には、リティ・パンがそれまでの映画ではあまりしてこなかった個人的体験が語られる。映画監督として虐殺を経験したから、このような映画を撮れたといわれたくはないだろう。あるいは、少年期の壮絶な経験であったため、冷静に思いだすためにはある程度の時間が必要とされたのか。リティ・パンが小説家のクリストフ・バタイユに語り、バタイユが書きあげた小説『消去』と映画を比べると、いろいろなことが見えてくる。『消えた画』では語り尽くせなかったさまざまな事柄があるのだ。

たとえば『消えた画』では、貧しい農民出であるリティ・パンの父親は勉学を重んじ、断食をして抵抗して死んだ物語になっている。しかし『消去』を読むと、その父が前政権の文部大臣の官房長をつとめた上院議員で、権力闘争に負けた側面があることがわかる。あるいは、映画では父、母、兄弟姉妹たちは強制労働と飢餓のなかで死んでしまい、ひとりぼっちになったリティ少年の分身はあらゆることをして生き抜いていく。小説では、クメール・ルージュの撤退後に姉のひとりと再会し、ヨーロッパにいる四人の兄を頼って、タイの難民キャンプからフランスへ移住した経緯が語られる。二者の比較から見えてくるのは、『消えた画』の物語がリティ・パンの実人生を描いたというより、さまざまな要素を凝縮して創りあげた「作品」であるということだ。

「S21」の外部記憶——絵画、動作、写真

カンボジアの首都プノンペンにある「S21」ことトゥールスレン収容所は、クメール・ルージュの支配した一九七〇年代後半の時代に、新人民たちを取り調べ、拷問や虐殺をする恐怖の施設として機能した。S21の「S」はクメール語の「サラ」、つまりホールを意味し、21は特別警察にあてられた番号である。そこは一度入ったら二度と生きては出られない恐怖の施設だった。新体制下で閉鎖された高校をそのまま使用したことは興味ぶかい。なぜなら、政権幹部を担った人たちの多くが高校教師などの教育畑の出身者だったからだ。

トゥールスレン収容所の所長ドッチもまた高校の数学教師だった。彼は冷徹に尋問して書類を作成し、写真撮影をして共産党の中央部に報告する役割を担った。この場所で、四年のあいだに拷問や処刑で一万五〇〇〇人以上を殺害したといわれる。S21がつくられた当初の目的は、政治犯や国内のスパイを取り調べることだった。無罪の囚人のほとんどが、拷問の末にCIAやベトナムのスパイだと自白し、革命の敵として処刑された。リティ・パンによるドキュメンタリー映画『S-21 クメール・ルージュの虐殺者たち』には、画家のヘン・ナットという数少ない生き残りが登場する。彼は一九七八年、三五歳のときに収容所に連行されたが、幹部が気に入るような絵が描けたので殺されずに済んだ。

映画『S-21』の冒頭で、拷問や虐殺の被害者側であるヘン・ナットは、加害者側にあった当時の看守たちと再会する。彼が「どうしてあんなことをした?」と問いつめても、元看守たちは「そういう時代だった」「強制されていた」「処刑しなければ自分が殺されていた」と言い逃れるだけだ。著書『ポル・ポト 死の監獄S21』を書いたデービット・P・チャンドラーによれば、看守をつとめた人たちには、農村出身の一〇代半ばから二〇歳前後の無知な若者が多かった。一方、ドッチたち上級幹部は元教師だった。カンボジアには目上の人のいうことを聞く伝統があり、それが看守たちが盲目的に命令に従うことにつながったのではないかと指摘している。[7]

映画『S-21』に登場する元看守のニエム・エンやフイやプック・カンは、四半世紀前に自分がした拷問や虐殺のことを忘れている。冒頭のシーンでは「忘れていなければ鬱になってしまい、生きていけない」と吐露しており、彼らがなるべく思いださないようにしていることがわかる。それに対して、被害者側のヘン・ナットは、彼らに書類を丁寧に読みきかせ、当時のことを想起させようとする。看守たちがおこなった残虐行為を、たとえば子供とその母親をどのように殺したかを、彼が描く絵画によって突きつけるのだ。そうしなければ、加害者側が罪をはっきりと意識することはないし、亡くなった人たちが報われることもない。それとは別に、『S-21』という映画を演出するリティ・パンは、元看守たちが忘却している記憶を、当時の身体動作をなぞらせることで蘇らせようとする。

私はしばしば「同志・看守」にカメラの前で当時の「動作をする」ことを求めた。動作を言葉に延長する方法だ。必要なら一〇回でも二〇回でもやり直す。すると反射的に行動が戻ってくる。そのとき現実に何が起ったかがわかる。虐殺はリアリティーをもって、その方法と真実の中に姿を現す。[8]

ここには、映画ならではの「再現」という手法が使われている。そして、出演する元看守たちは過去の動作をなぞるうちに、自分が過去にしたことを否応なく思いだすのだ。ベルグソンをもちだすまでもなく、記憶には脳の引きだしに保存されるようなエピソード記憶のほかに、身体の運動に組みこまれている記憶がある。箸を使うときや自転車に乗るときに、無意識のうちに自動的に作用する記憶のことである。そのような習慣化された記憶では、人間の身体こそが、過去の記憶をたずさえながら未来にむかって動く尖端であり、行動のなかで記憶が立ちあがってくる。リティ・パンが「私は出来事を作らない。状況を作る。その状況の中で、クメール・ルージュだった彼らが自分の行いについて考えられるように」[9]というのは、まさに元看守たちの身体的な記憶をつうじて、彼らに忘却したものを取り戻させるためなのだ。

クメール・ルージュは、人びとを収容所に連行したときと、人びとを処刑したあとに写真撮影することにしていた。そして、リストの名前と厳密に照合した。それを所長のドッチが管理し、党中央部に報告していた。結果的には、そのような彼らの官僚主義的な律儀さが、虐殺の証拠を詳細に残すことにつながった。なぜなら、プノンペンが陥落してクメール・ルージュが首都からあわてて逃げたときに、それらの写真と書類を残していったからだ。現在の収容所跡地は虐殺博物館になっており、そこにはこの場所で殺された一人ひとりの写真が掲示されている。映画『S-21』では、あるひとりの女性の写真をクロースアップして、ヴォイスオーバーが「この女性の視線は、写真を撮影しているクメール・ルージュを貫きとおして、私たちのところまで届いてくる」と語る。リティ・パンは虐殺者の撮ったその写真を見せながら、現代社会に暮らすわたしたち一人ひとりに、その残虐行為に対して応答責任をとるように迫るのだ。

リティ・パンのドキュメンタリー映画『ドッチ 地獄の収容所長』と、パンとクリストフ・バタイユによる小説『消去』を比較すると、いろいろなことが見えてくる。当初、裁判をとおして罪を認めていたドッチは、あるときから無罪を主張しはじめた。カンボジア特別法廷のために勾留されているドッチに対して、リティ・パンが三〇〇時間にわたって執念のインタビューをつづけ、その撮影を試みたのが前者である。映画では、ドッチは「党幹部の言う通りにしなければ自分が粛清されていた」とか「国家は私の自由を奪い、S21の所長になるように強いた」と主張し、自分は命令どおりに動いた官僚にすぎず、責任はもっと上級の幹部にあると責任逃れをしようとする。そのようなドッチに対して、リティ・パンは拘置所でのインタビューにおいて、彼が座るテーブルのうえにさまざまな書類や写真を用意して、想起のきっかけをつかませようとする。それは司法的に裁くための証拠品ではなく、ドッチが自分自身で何をしたのかを正確に思いださせるためだ。しかし、彼は元看守たちより上《うわ》手《て》であり、容易に本音を吐こうとしない。

『ドッチ 地獄の収容所長』というインタビュー映画でおもしろいのが、ドッチに「絶対的にアンカー（組織）に従います」「学び、食べ、集団農場で働きます」「個人主義的な感覚をもつ必要はありません」などと、今では空疎に響く当時のクメール・ルージュのスローガンを読ませることだ。『S-

21』において看守たちが当時の行動をなぞったのと同様に、この映画でスローガンを読む行為はドッチのなかの思想家を呼びさます。ドッチは上級幹部のロボットなどではなかった。自分の頭で考えて、完璧に虐殺をこなせるように工夫をこらした。彼はイデオロギーの被害者のひとりではなく、彼こそがその思想をもとにS21を運営した主体であることを本人に自覚させるのだ。

悪を神聖化も凡庸化もすべきではない。ドッチは怪物でもなければ、魅惑的な虐殺者でもない。ありふれた犯罪者でもない。ドッチは考える人だ。大虐殺の責任者の一人だ。どんな人生をたどって来たかを見なければならない。〔……〕事務方のつもりでいるこの残虐非道な男は、私に打ち明ける。「私の槍、それは言葉だ」[10]

ふたたびチャンドラーの『死の監獄S21』を参照すると、ドッチは若いときから几帳面で頭脳明晰な人間として知られていた。高校の数学教師をつとめ、教員としての本能をもっている人間なのだ。彼は自分自身にも部下にもきびしく、常軌を逸したストイックさの持ち主である。彼のそのような人格や性質が、S21という場所の囚人管理の職責を担ううえで、このうえない才能を発揮させたのである。ところがドッチは、リティ・パンがインタビューをつづける行為を、狡猾なことにも自分のために利用しようとした。それを来たるべき第二審における答弁の予行演習と位置づけていたのだ。ドッチの反論は緻密な論理に基づき、彼は冷静な態度のまま、なかなかミスをおかさない。しかし、その鉄面皮が一瞬だけほころぶ瞬間がこの映画にある。リティ・パンがドッチに『S-21』を見せて、元看守たちがすべての責任は所長だったドッチにあると証言するとき、ドッチの顔にあざ笑うような表情が浮かぶのだ。それは、次のような証言だった。

私はドッチが囚人に質問しているのを見ました。「友人よ、答えなさい」。囚人はすぐに返答しました。「兄弟…」。ドッチは囚人を二、三回たたき、囚人は倒れました。ドッチは去りました。トゥイがきました。私は行かされました。私はトゥイの取り調べを陰から見てました。「友人よ、答えなさい。あなたが答えないなら拷問します」。こんなの聞いていられない。彼は再び拷問するといいました。彼は囚人の耳の後ろにコードを引っ張ってきて、囚人に電気ショックを与えました。囚人は動かなくなりました。（映画『S-21』のダイアローグより）

たしかに映画『ドッチ 地獄の収容所長』におけるドッチは、拘置所にあっても常に冷静で、被害者の立場にたつ映画監督の前でもまったく動じず、自分の論理をとうとうと話すばかりである。しかし、彼が一瞬あざ笑うような表情を浮かべるとき、誰もが彼の残忍さを認められるように、映像は動かぬ証拠をおさえる。それは『S-21』の映像がドッチのなかに想起させた、看守や囚人たちを人間とは思っていない男の表情だ。この嘲笑をとらえるために、一時間半ある映画がつくられたといっても過言ではない。そこには大量虐殺に関わり、日々、人間を処分するように命令していた一線を越えた者の姿が映っている。ドッチがいかに取り繕ってもあらわになるものを、人間身体の外部にある記憶装置としての「映像」が、それを後世にまで残すことになるのだ。

1　リティ・パニュ、クリストフ・バタイユ『消去——虐殺を逃れた映画作家が語るクメール・ルージュの記憶と真実』中村富美子訳、現代企画室、七九頁。
2　「CNN.co.jp」二〇一四年八月七日付記事（https://www.cnn.co.jp/world/35052052.html）。
3　「AFP BB NEWS」二〇〇九年三月三一日付記事（https://www.afpbb.com/articles/-/2588354）。
4　デービット・P・チャンドラー『ポル・ポト伝』山田寛訳、めこん、一九九四年。
5　パニュ、バタイユ『消去』、一九二頁。
6　ヴァルター・ベンヤミン『パサージュ論 第3巻』今村仁司・三島憲一訳、岩波現代文庫、二〇〇三年、一八四頁。
7　デーヴィッド・チャンドラー『ポル・ポト 死の監獄S21——クメール・ルージュと大量虐殺』山田寛訳、白揚社、二〇〇二年、五七頁。

8 パニュ、バタイユ『消去』、九五頁。

9 同前、一五頁。

10 同前、二四五頁。

〔付記〕本章では、本人が主張する「リティ・パン」という日本語表記を採用したが、引用文においては以前に使用されていた「リティ・パニュ」を使用している。

ポスト東欧革命の映像

チェコ、マケドニア、ボスニア

ユーゴスラヴィアへの旅

あれから二〇年が経ったとは、なかなか信じることができない。一九九九年の秋に、空爆から数か月後の旧ユーゴスラヴィアを旅したことがある。その時点では、まだセルビアとモンテネグロからなるユーゴスラヴィア国家は存在しており、南のコソヴォ自治区では、セルビア軍とアルバニア人勢力のコソヴォ解放軍が紛争をくり返していた。ユーゴ連邦軍やセルビア人の武装勢力による、アルバニア人への民族浄化が国際社会のなかで大きな問題にもなっていた。国連の安全保障理事会では承認されなかったが、人道的介入という建前で、アメリカを含むＮＡＴＯ軍がその年の三月からセルビアへの空爆を開始して大きなダメージを与えたころのことである。

当時ユーゴスラヴィアの上空は飛行が禁止されていたので民間の飛行機は飛んでおらず、まずはハンガリーの首都ブダペストまで行った。そこから四駆のSUV車をチャーターしてドナウ河と並行するように数時間南下し、ユーゴへの国境を越えた。国境付近は山深くなっており、まだ一一月だというのに数十センチの雪が積もっていた。時おり川を眺めながら、セルビアの首都ベオグラードへむかった。ドナウ河とサヴァ河が合流する交通の要衝において古くから都市が形成され、大きく旧市街と新市街にわかれる歴史の深い街なみだ。NATO軍による空爆は半年前のことで、八日にわたっておこなわれたという。連邦国防省、内務省、ビジネスセンターのビルは黒く焼けこげ、爆弾による穴が開いて鉄筋が剝きだしになっており、その姿は空爆のすさまじさを物語っていた。

車で政府庁舎が集まる新市街を抜けていると、通訳のドラガン・ミレンコヴィッチさんが「あれが中国大使館があったところです」と、空爆でボロボロになった五階建ての建物を指していった。「アメリカやNATOによるレーザー誘導弾の空爆は、ピンポイントでビルを破壊できる高い精度をもっています。それになのに、あんな誤爆をするなんて本当でしょうか。中国大使館への攻撃が意図的におこなわれたのではないかと疑う人もいます」と説明した。アポイントがとれたので、セルビア政府の副首相でセルビア急進党という極右政党を率いるヴォイスラヴ・シェシェリに、政府庁舎の執務室でインタビューした。かつて「白い鷹」という民兵組織を率いて、虐殺や民族浄化を指導したといわれる悪名高い民族主義者である。彼はアメリカの空爆に対する怒りと、ボスニアやコソヴォで展開してきた自分たちの侵略の正当化の弁をくり返した。予想通りの話の内容で、あまり意義のある取材にはならなかった。四年後の二〇〇三年に、シェシェリはオランダのハーグにある国際戦犯法廷に移送されて、一〇年にわたる裁判の末に禁固刑が決まったのはようやく二〇一八年になってのことだった。ここにも二〇年という月日が流れている。

一九九〇年代の東欧における政治的動乱が八九年のベルリンの壁崩壊に端を発していたように、コソヴォ紛争もまた八九年と関係している。コソヴォ自治州でマジョリティを占めるアルバニア人は憲法で自治権を保障されていたが、ミロシェヴィチ政権が八九年に憲法を改正して自治権を奪った。それに対抗してアルバニア人は九一年に「コソヴォ共和国」の独立を宣言したが、交渉は進展しなかった。次第に武力でコソヴォの独立を実効的に認めさせようとする武装組織「コソヴォ解放軍」が台頭してきて、セルビア側の部隊と軍事的に衝突するようになった。そして九九年三月に、国連安保理の決議を経ずに、アメリカを中心とするＮＡＴＯ軍がアルバニア人への人権抑圧に対する「人道的介入」を理由として、激しいユーゴ空爆を実施した。三か月後にミロシェヴィチが和平案を受け入れると、今度はアルバニア人によるセルビア系住民への暴力がつづき、二〇万を超えるセルビア人とロマが難民になるという混乱した事態となった。

野党・民主党の事務所は、マンションの一室のようなところにあった。インタビューに応じてくれた党首のヴォイスラヴ・コシュトニツァは繊細なインテリ風の人物だった。もとは憲法学者なのだといって、日本が戦後六〇年のあいだ憲法を変えずに九条を保持していることに関心を示した。そのときはこの大人しい人物が、翌二〇〇〇年九月の大統領選挙でミロシェヴィチを破り、ユーゴスラヴィアの大統領になるとは夢にも思わなかった。コソヴォ紛争においてセルビア側がおこなってきた民族浄化をどう考えるのかを訊くと、軍や民兵の統制が効いていないことを認めつつも、コソヴォは歴史的にはセルビア文化の揺籃の地であり、セルビア正教の寺院や聖地が一三〇〇か所もある、わたしたちの心の故郷のような土地なのだと強調した。

その夜、友好協会の主催で、バルカン音楽のバンドが演奏するレストランへ招かれた。ビールと料理を楽しんでいると、ブラスバンドと民族音楽が混ざりあう独特の演奏がはじまった。巨漢の金髪女性のヴォーカルがステージに登場して歌いはじめると、ビール、ワイン、ラキヤを飲んだ人たちが指を鳴らしながら立ちあがり、男も女も手をつないで人の輪をつくって回転しながら激しく踊りだした。アコーディオン、ホーン、ギター、ドラムスなどの奏者を見ると、セルビア人、ロマ、アルバニア人など、ひと目見ただけでは国籍も民族も不詳の人たちが混淆しながら、ひとつのアンサンブルを形成しているのが印象的だった。どうして現実社会では、このバンドのように共存することができないのかと哀しくなった。もとを正せば、一九八九年にベルリンの壁が崩壊し、アメリカとソヴィエト連邦の首脳がマルタ沖の会談で冷戦の終結を宣言、翌年には東西のドイツが統一されたところに「東欧革命」ははじまった。東欧における民主化革命と社会主義体制の崩壊は、東欧圏のさまざまな場所で政治的な混乱を引き起こし、長きにわたる民族対立というパンドラの箱を開けてしまったのである。

この論考では大上段にかまえて、一九八九年以降の東欧における混乱を社会政治的に論じようというのではない。わたしはその筋の専門家ではなく、またこの地域の出身者でもない。そうではなくて、ひとりのワールドシネマに関心を抱いて研究する人間として、八九年以降の東欧を舞台にした映画作品をいくつか取りあげ、そのなかに「東欧革命とそれ以前・以後の状況」がどのように表象されているのかを検証してみたいのだ。むろん文学や映画のような芸術作品に描かれた事象が、実際の現実社会のあり方を直接的に反映しているとはかぎらない。だが、映画はフィクションの物語を通して、そのときその場所で人びとがどのような生活を送り、どのような感情を抱いていたのかを内面から描きだしてみせる。わたしたちが東欧やバルカン半島の現代史を振り返るときに、遠い土地で暮らす文化的な他者を理解し、彼らに共感するためのヒントくらいは与えてくれるだろう。

まずは民主化前のチェコスロヴァキアを舞台にした『コーリャ 愛のプラハ』(96)から見ていこう。チェコ人のヤン・スヴェラーク監督が演出し、脚本を手がけた監督の父親であるズデニェック・スヴェラークが主演もつとめた作品で、同名の小説も出版されている。時代は一九八八年、主人公は首都プラハに暮らす五五歳のフランチシェク・ロウカという独身のチェリストの男性である。彼は父親からいわれた「音楽家になりたかったら家庭や妻子を持ってはダメだ」という教訓を守って、その年まで独身でいる。そのおかげでチェコ・フィルハーモニーの首席奏者まで昇りつめたのだが、弟が西側に亡命したせいでロウカは外国への渡航を禁止され、交響楽団を首になってしまった。さらに過去に女性問題を起こしたこともあるらしく、いまは没落していて、弦楽四重奏団を組んで葬儀場などに出張して演奏しているような状態である。女性歌手のクララに手をだしたり、暇ができると知人の女性たちに「家に遊びにこないか」と片っ端から電話をかけたり、年齢をわきまえずに何かと好色な様子である。音楽家だけで身を立てるには経済状況が悪すぎて、ロウカは墓石に彫刻された文字を塗り直す作業など、さまざまな内職をこなして何とか食いつないでいる。

この映画を観たとき、社会主義体制下の暗く貧しい時代にありながら、いつの時代でもどこの国でも変わらない人間らしさというものを男女の欲望を通して描いているあたりが、同じチェコスロヴァキア出身のミラン・クンデラの文学世界に少し似ていると思った。はたして影響関係はあるのだろうか。この映画にはさりげないかたちで、共産党政権時代から一九八九年の「ビロード革命」へといたる時期における、プラハの庶民の暮らしが描出されている。それを「経済的な生活」「ソ連の軍事的プレゼンス」「亡命と秘密警察」という三つの観点から考えてみたい。

まずはチェコ市民の経済生活の描写であるが、とにかく主人公の経済的な困窮ぶりがすさまじい。交響楽団で演奏をしていたようなチェリストが、葬儀場で演奏バイトをしているのは前述のとおりだが、その他にも古物屋で装身具を売ったり、自宅の雨樋や煙突を掃除する人を雇えないので自分で掃除したりもする。これらの描写を積み重ねることで、お金のために偽装結婚を引き受けるというロウカの行動に説得力をもたせている。チェコの民主化要求にはさまざまな要因があったにちがいないが、庶民レベルから見れば、やはり生活がどうにもならなくて不満が爆発したという面が強かったのだろう、と『コーリャ』の映画や小説を読むぶんには感じられる。

ある日、悪友からロウカにロシア人女性との偽装結婚の話がもちこまれる。その女性は西ドイツに住む恋人と結婚するためにチェコの市民権を手に入れたいとのことで、偽装結婚をしてくれればお礼に大金を払うというのだ。花嫁が若く美しい女性であったために喜び、結婚式で悪乗りするロウカだったが、その直後に五歳の連れ子のコーリャを残して彼女は西ドイツへ亡命してしまう。ひょんなことから、ロシア語しか話せないコーリャを育てる羽目になったロウカ。遊び人の中年男性に少しずつ父親の意識が芽生えていき、言語を超えた心の交流をしていくところが、この映画の見どころになっている。だが、そうするうちに偽装結婚を疑う秘密警察から呼びだされて、本当の保護者になるための試練がつづく。やがてベルリンの壁が崩壊し、プラハでも民主化運動が高まって、一九九三年にチェコとスロヴァキアはふたつの国へと分裂していく。

この物語のキーとなるのが、チェコ人とロシア人の複雑な関係である。それは冷戦構造下でのソ連とチェコスロヴァキアという国家の関わりをアレゴリカルに表象している。たとえば、それはチェコに駐留するソ連軍の姿をとって生活空間に押し入ってくる。

自分の生まれた家の前でブリキの樋をほどいて、庭に運んでいると、通りをソヴィエト軍の列がゆっくりと進む。〔……〕軍隊の列に目をやりながら、母親はいまいましげにいう。

「見てごらん、うんといるだろ？　まるでいなごさ」

家でロウカの大好きな料理ウフリージナの皿を前にして、母親は続ける。

「たくさんのチェコ人が奴らと闇の商売をしているなんて信じられるかい？　奴らから安い車の油を買って、ガソリン、石炭……占領軍と手を組んで、愛国者たちがよ。占領されたとき、奴らには水もパンも与えないって、こぶしをあげていたのに、見てごらんよ」

窓は重いエンジンの響きでがたがたいう。それに本箱の上にある禁じられている政治家T・G・マサリック、ラスチスラフ・シュテファーニック、エドヴァルド・ベネシュの胸像も震えている。

「びっくりしたでしょう」と、年老いた婦人は偉人たちの方を振り向く。「いったい、わたしたちチェコ人は何とみっともない民族なんでしょう。せめてもあんたがたはもう亡くなっているけど」[1]

東欧にある小国と共産圏の盟主であったソ連との抜き差しならない関係が、ここにはひとりの老婆の目を通して提示されている。冷戦構造下でのソ連は、西側に対抗するためにチェコスロヴァキアのみならず東欧諸国において一定の軍事的プレゼンスを保持していた。同時に、小国をその巨大な軍事力によって支配する面もあった。よく知られるようにチェコスロヴァキアでは、一九六七年一〇月に学生の抗議デモが起こり、これを党指導部が警察隊によって鎮圧してから「プラハの春」がはじまる。政府が国家による検閲の廃止や市場経済の導入など、独自の自由化路線を打ちだすなかで国民的な民主化要求が高まったが、八月にソ連が主導するワルシャワ条約機構軍が軍事介入し、チェコスロヴァキアの全土を占領下においたことで改革の芽はつまれてしまった。いわゆるチェコ事件である。

『コーリャ 愛のプラハ』は虚構の物語だが、ロウカの母親の年齢を七〇代と仮定すれば、三〇年前の「プラハの春」のときは四〇代だった世代になる。過去に自分たちの民主化がソ連軍によって尊厳とともに踏みにじられた記憶があるから、それをいまいましげに見て「まるでいなごさ」と毒づくのだ。しかも、そのような過去があってソ連に対して強く反発しているにもかかわらず、資源にとぼしい小国として、今ではソ連からガソリンや石炭を買いつけ、それで商売するような同朋のチェコ人がたくさんいる。だからこそ、老母はチェコの偉人たちの胸像に対して「わたしたちチェコ人は何とみっともない民族なんでしょう」とまでこぼす。ソ連という国家やロシア人への屈折した思いをもったチェコ人がロシア人の女性と偽装結婚し、簡単に裏切られ、さらには置き去りにされた子どもの面倒まで見させられるのだから、この物語にこめられた皮肉には痛烈なものがある。しかし、そのような因縁のある関係を超えて、チェロ奏者の男性とロシア人のコーリャが心を通わせていくところに、政治体制を超えた個々の人間に対する信頼を読みとることもできるだろう。

また『コーリャ 愛のプラハ』の物語のなかで前景化こそされていないが、存在感を見せるのは亡命の問題である。主人公のロウカはかつてチェコの交響楽団に属し、コンサートのために西側へ行き来できる特権をもっていたが、弟が亡命したせいで海外渡航を禁じられ、交響楽団を続けられなくなったという過去がある。弟がどのような人物でどのような職業だったのか、映画にも小説にも書かれていないが、亡命ができるような社会的地位にいた人物なのだろう。海外渡航の禁止というのは、当局によるきびしい処置である。旧ソ連や東欧諸国の芸術家や文化人たちにとって、国家による検閲や管理体制に悩まされた挙げ句、芸術を続けるために亡命を決意することは、残される家族の処遇を含めて大きな問題としてのしかかっていた。同じチェコ人であれば、フランスに亡命した作家のミラン・クンデラがおり、ロシア人であれば映画作家のアンドレイ・タルコフスキーを思いだしてもいい。ロウカは亡命したロシア人女性と偽装結婚をした疑いで警察に呼びだされる。誤魔化そうとするが、秘密警察はすでに裏をとっていたのか、彼に自白を迫る。さらに亡命者に関する質問状に答えなくてはならなくなる。映画の最後のほうには、一九八九年のプラハのヴァツラフ広場における大規模な抗議デモに、政治的無関心から目覚めた市民とともにロウカとコーリャが出かける場面がある。その場で、尋問した秘密警察の男たちを見かける。このときのロウカのモノローグは皮肉が効いている。「もう共産党は用済みだ。若者や看護婦が反乱を起こし、共産主義者を追いだし、アルバニアに保護区をつくる。米国のインディアンと同じだ」と。しかし、これは同時に、東欧革命後の民族対立を予見した不気味な言葉でもある。ハンガリーやポーランドではすでに変革の気運が高まり、同年一〇月には東ドイツのホーネッカーも退陣していたから、この場面はプラハの一一月頃のデモという設定だろう。東欧の民主化で亡命者が帰国できるようになり、ロシア人の母親が迎えにきてコーリャとの生活は終わってしまうが、主人公は交響楽団に復帰し、恋人が子どもを身ごもったことが示されて、この映画は大団円を迎える。

バルカン半島の映画

次にチェコの南方にあるバルカン半島に目を向けてみよう。『コーリャ 愛のプラハ』の主人公であるロウカはビロード革命のデモのなかで「共産主義者たちはアルバニアに閉じ込めてしまえばいい」と独白するが、その言葉をどのようなニュアンスでいったのだろうか。バルカン半島には旧ユーゴスラヴィアの国々だけでなく、ブルガリアとその南にアルバニアやギリシャがある。アルバニア人は独自の言語をもつ半島の先住的な民族であり、その大半がアルバニア共和国とコソヴォに住んでいる。オスマントルコの一部だった時代からムスリムがその多くを占めている。チェコから遠く離れた辺境にある国だから、ロウカの独白は「共産主義者は距離も文化も離れているアルバニアにでも送ってしまえばいい」という程度の意味だったと考えればよいか。

マケドニア出身のミルチョ・マンチェフスキーが撮った『ビフォア・ザ・レイン』(94)は、東欧革命後にユーゴスラヴィアが解体し、マケドニアが独立していく時代のなかで、マケドニア系のギリシャ正教徒とアルバニア系のムスリム住民との対立を三つの挿話で描いた映画作品である。第一部の「言葉」は、マケドニアの中世のおもむきを残す、小さくて美しい修道院が舞台になっている。そこに住みこむ年若い修道士のキリルは、二年のあいだ沈黙を保つ修行を続けている。ある夜、彼の質素な部屋にムスリムの少女ザミラが逃げこんでくる。彼女は何者かに追われている様子だが、アルバニア人のザミラはマケドニア語が理解できない。キリルは修道士の先輩に報告しようとするが、沈黙の修行の最中では伝えることもできず、彼女のことを哀れにも思い、その場の成り行きでかくまってしまう。

次の日になると、ザミラのことを追ってきたマケドニア人の民兵集団が押しいり、徹底的に僧院のなかを捜索する。だが、ザミラの姿は見つからない。どうやら彼女はマケドニア人を殺してしまい、近隣の村から逃亡してきたようだ。建物の外に隠れたらしく、マケドニア民兵たちは僧院に泊まって張りこむことになる。ザミラは夜中にもどってくるが、それが他の修道士たちの知るところとなり、彼らはキリルを破門して彼女と一緒に逃亡させる。翌朝、山岳地帯を何とか逃げ切ったところで、キリルは「スコピエにいる兄を訪ねてから、ロンドンで写真家をしている叔父のところへ行こう」という。ところが今度は、ふたりを尾行していたのか、ザミラの祖父たちからなるムスリムの民兵たちがどこからともなく現れて、ギリシャ正教徒であるキリルの命を奪おうとする。ザミラはキリルのことを愛しているといってかばう。釈放されたキリルを追って走るザミラのことを、彼女の兄がその場のはずみで撃ち殺してしまう。

第二次世界大戦後の冷戦期に、ユーゴスラヴィアに属した国々やアルバニアは、一様に社会主義の体制をとる道を選択した。それが一九八〇年代に入ると経済状況が立ち行かなくなり、ソ連ではペレストロイカの改革がはじまって、東欧諸国やバルカンの国々でも体制を維持したまま経済改革を進めようとした。戦後の長期間にわたって強いリーダーシップでユーゴスラヴィアをまとめていたチトーが一九八〇年に死去すると、六共和国、二自治州において分離独立の気運が高まった。東欧革命後の一九九一年六月にスロヴェニアとクロアチアが独立を宣言、それに続いて九月にマケドニアも独立した。旧ユーゴの各地で起きたボスニア紛争、クロアチア紛争、コソヴォ紛争において民族と民族が対立し、九〇年代が暴力や虐殺が横行する陰惨な時代になったことは周知のとおりだ。人口二〇〇万人程度の小国であるマケドニアではほかの国々と事情がやや異なっており、歴史的にも民族的にも複雑であったため、民族主義を前面にだして独立を進めるわけにはいかなかった。マケドニアには人口の約三割を占めるムスリムのアルバニア人とトルコ人がいたからだ。

冒頭で書いたように、わたしはコソヴォ紛争の顚末としてベオグラードが軍事的に破壊されたさまを目撃した。一九九八年からコソヴォ紛争がはじまり、セルビアに抑圧されたアルバニア人たちはコソヴォ解放軍によって対抗するわけだが、同時に紛争によって二五万人ものアルバニア人がとなりのマケドニアに難民として流れこんだともいわれる。『ビフォア・ザ・レイン』という映画は、九〇年代前半のマケドニアの山岳地帯を舞台にし、マケドニア人とアルバニア人が村のなかに境界線をつくって争っている場面を見せる。それぞれが自警団をつくって武装化している模様を映画に取りこんでいるのだが、それは組織された軍隊というよりも、村において親族や仲間が武器をもって集まった私兵にすぎなかったようだ。彼らが感情に突き動かされ、私刑や復讐をたがいにくり返す集団であることが原因となって、物語のなかでは二度の悲劇が引き起こされる。

この地域で民族対立をめぐる悲劇が起きたのは、コソヴォ自治区がセルビア国内にあってアルバニア人が住民の八割を占め、マケドニアにもアルバニア人が数多く住んでいるというように、民族による文化圏の境界線と国民国家による国境線が一致しないからだ。バルカン半島ではさまざまな民族がこの地域を行きかい、定住したのだが、けわしい山脈がある自然環境のおかげで、たがいに隔絶して暮らすことが可能であった。これが、九〇年代に起きた幾多の内戦や紛争の根深いところにあるひとつの要因であろう。隣接するマケドニア人とアルバニア人の村人同士が相争い、あるいは『ビフォア・ザ・レイン』の物語にもあるように、ひとつの村のなかで分断され、一方が他方を追放する「民族浄化」という暴力が起きたのも、民族分布の重層性という特色がもとになっている。その一方で、そこには互いの民族が混ざりあい、文化が相互に浸透し、人びとが複雑に混血しているという面もある。わたしが旧ユーゴの民衆にインタビューしたところ、「自分がどの民族に属するかという根拠を人種や血統に求めるなら、わたしたちは複雑に混血しているから何の民族ということは断定できない。だから言語や宗教や文化のちがいこそが、アイデンティティを決めるための重要な要素になっている」という答えが返ってきたことが印象的だった。

旧ユーゴスラヴィアのサラエヴォ出身（現ボスニア・ヘルツェゴビナ）の映画監督であるエミール・クストリッツァは、セルビア人の父とムスリム人（ボスニア在住のイスラム教徒）の母とのあいだに生まれたというバルカン半島の人らしい出自をもつ。彼は映画監督であると同時に、ジプシー音楽を演奏するバンド「ノー・スモーキング・オーケストラ」を率いるギタリストでもある。バンドメンバーは多彩な民族からなり、バルカン民謡、スカ、ファンク、タンゴなどを取り入れたそのミクスチャー音楽は、もし「バルカン人」や「バルカン半島性」という言葉があるのであれば、まさにそれに当てはまる。北インドから長い年月をかけて移動してきたとされるロマの文化をも混淆させた彼の映画や音楽は、そのハイブリッドな文化のあり様を忠実に体現している。

クストリッツァが監督した『ライフ・イズ・ミラクル』（04）は、ユーゴスラヴィアが解体して内戦が勃発した一九九二年のボスニア・ヘルツェゴビナを舞台にしている。ボスニアはムスリム人、セルビア人、クロアチア人を中心とする多民族国家であり、九二年から九五年まで続いたボスニア紛争では、各民族が軍事衝突し、大量の難民が発生する最悪の事態を招いた。映画はその紛争が終結したおよそ一〇年後に製作されており、近過去における紛争時代の痛みを、民族と男女の年齢差を超える愛の喜びの物語で乗り越えようとしているかのように見える。

主人公のセルビア人であるルカが、セルビアとの国境に近い村に住む中年の鉄道技師で、セルビアとボスニアを結ぶ鉄道を復旧しようとしている人物であることが象徴的である。おまけに彼は自宅の二階にあるテーブルの上に模型の鉄道を組み立てており、両者を結びつける理想を夢見ている。ところが、オペラ歌手の妻はベオグラードの都会に戻りたがっており、夫婦げんかが絶えない。サッカー選手の息子もベオグラードにあるプロチームへの入団を目ざしていて、両者ともボスニア側に暮らしているのに心はセルビアの方を向いている。サラエヴォなどの各地で泥沼化した紛争は、ルカのような庶民の暮らしにも影を落とすようになる。息子は徴兵されて、妻はハンガリー人の男と都会へ駆け落ちしてしまう。ルカの愛する線路とトンネルは二つの国を結ぶどころか、兵器や軍人や闇物資を輸送するために使われるようになってしまう。

物語のプロットは、一九九二年三月から実際に起きたムスリム人、セルビア人、クロアチア人の三勢力によって争われたボスニア内戦がはじまり、世相が混乱していった状況をなぞっている。東欧革命のなかで、旧ユーゴスラヴィアを構成していた共和国は次々と独立への動きを早めた。ボスニア・

ヘルツェゴビナの独立をめぐっては、ムスリム人とクロアチア人が独立を目ざし、セルビア人勢力がそれに反対し対立した。彼らはセルビアを中心とするユーゴスラヴィアにとどまりたいと考えたのだが、このことは『ライフ・イズ・ミラクル』の物語では、ルカの妻や息子がボスニアに住んでいても文化的に心情的にセルビアの中心地であるベオグラードとつながっている、というかたちで表現される。ムスリム人やクロアチア人からすれば、それは内戦ではなく、ユーゴ連邦やセルビアがボスニアの独立を阻止しようとして兵を送ってきた侵略戦争にほかならなかった。結局、ボスニア紛争では互いにすさまじい殺戮と暴力が展開されて、一〇万人に近い死者をだし、二五〇万を超える難民や避難民がでたとされている。

映画では、セルビア側とムスリム人側が戦闘をしている前線において、徴兵されたルカの息子がムスリム人側に捕らえられてしまう。その息子と交換するために、ルカはムスリム人の若い女性であるサバーハを人質として家で預かる。ところが、奇妙な共同生活をつづけるなかで、年齢の離れたふたりは次第に恋におちていく。外ではセルビア人とムスリム人が戦闘をしているにもかかわらず、ルカとサバーハはひとつ屋根の下で民族共存の理想を実現するのだ。そんなカップルとして描かれていることは明らかだ。特にふたりが眠るベッドが夢のなかで空を飛んでいき、紅葉で色づいた里山を見おろすシーンは印象的である。これはボスニアとセルビアの国境沿いを飛んでいるという設定なのだろうか。いずれにせよ空から見れば、ふたつの国、ふたつの民族のあいだに線が引かれていようはずもなく、米粒のように小さく見える人間たちの姿に、宗教や民族のちがいを見わけられるはずもない。『ビフォア・ザ・レイン』に表象された一九九〇年代前半のマケドニアの田舎の村が、民族紛争の時代における絶望的なカラーに染めあげられていたのは、九四年というまだ先の見えない時期に映画が完成された影響があるのだろう。それに比べて『ライフ・イズ・ミラクル』は、ボスニア紛争が終結したあとで製作されたこともあるのか、そしてまたクストリッツァという監督が深刻なドラマのなかに喜劇的な要素を入れることを得意とすることとも関係しているが、バルカン半島のごたまぜの音楽が、そして男女の愛情というものが、民族と宗教のちがいを易々と乗り越えるものであることが強調されている。それを芸術家による理想的なイメージにすぎない、と切って捨てるのは簡単なことだ。しかし、映画のような芸術にできることは、国家が、宗教が、民族が、人びとが暴力と争いに陥っているときに、何度でもそのような理想を思いださせ、何度でもそのようなイメージを創出することにあるのだといえないか。

1 ズデニェック・スヴェラーク『コーリャ 愛のプラハ』千野栄一訳、集英社、一九九七年、六六—六七頁。

ソーシャル・デザインとしての太陽花占拠

現代を映すドキュメンタリー

三月の台北市はじっとりと汗ばむ陽気だった。台北車站をおりてデパートやホテルの立ちならぶ南側にでて、忠孝西路をしばらく進む。すると、行政院、監察院、立法院などの建物がある官庁街が見えてくる。台北駅から五分に満たない距離だ。台湾の国会にあたる立法院の外観は、高等女学校だった建物をそのまま使っており、瓦葺きのクラシカルなものだった。街路と敷地を隔てるのは高いとはいえない塀と鉄格子の門であり、「これなら入ってみよう」という気持ちになる敷居の低さを感じた。二〇一四年三月一八日には、実際に立法院の議場に学生を中心とする若者のデモ隊が侵入して二四日間占拠したのだ。

台湾、香港、日本の学生運動について、それぞれドキュメンタリー映画がつくられているが、先んじて発表されたのが『太陽花占拠』(14)である。冒頭からアクション映画さながらの緊迫感あふれるシーンがつづく。政権側によって立法院における「サービス貿易協定」の審議がわずか三〇秒で打ち切りになった。これに抗議する集会がひらかれ、中山南路に面する門の前で学生や社会人のアクティヴィストが警備の人たちと衝突する。そのすきに北門と南門から学生グループが立法院内になだれこみ、真っ暗な議場に入っていく。ところが、間もなく警官隊が議場の入口に押しよせて排除しようとする。それを学生たちが一体となって肉弾で押しかえす一進一退の攻防戦。議員席の椅子を積みあげ、ロープで固定して入口をバリケード封鎖する様子は、さながら現代アートのインスタレーションをつくる光景のようだ。建物の外では抗議の群衆が門に殺到し、鉄の門を壊して立法院の敷地を人びとが埋めつくす。議場へ突入するときに当事者の目線から撮った動画や、警官隊を押しかえす議場内部からのショットは、誰もがスマートフォンやヴィデオカメラで動画を撮影できるようになった現代ならではの記録映像である。

この「ひまわり学生運動」は、台湾と中国の経済協定である「サービス貿易協定」を強引に進めた馬英九政権が、立法院でそれを強行に制定しようとしたことに端を発する。経済発展のために中国への市場開放を急ぐ政権に対して、学生たちは政治経済的に中国との統一が進むことで、これまで享受してきた自由やデモクラシーが中国的な管理体制に制限されるという危機感をおぼえた。心理的には現状変更への不同意であり、中国が経済的に台湾を飲みこもうとすることへのカウンター行動であった。この半年後におきた香港の「雨傘革命」は行政長官選挙での自由選挙を求める運動だったが、中国からの政治的な独立を望む若者デモという点では台湾と図式がよく似ている。

『太陽花占拠』のドキュメンタリー映画としてのユニークさは、独立系の映像製作者たちのユニオンが支援して共同作業をおこなったところにある。一〇章の各パートを異なる監督が担当し、一〇〇人以上がこのプロジェクトに関わった。リアルタイムの映像が飛びかうネット時代に、編集作業や上映という形態をともなう「映画」は不利なフォーマットだ。しかしこの映画のつくり手たちは、デジタル時代の個人映像づくりの方法をいかして、短篇のオムニバス形式にすることで社会状況にスピーディに応答した。それに加えて、三・三〇の総督府前のデモでは五〇万人以上が参加したとされる大規模な社会現象を、複数のつくり手の視点から多角的に検証するという試みも的を射たものだった。

むろん、立法機関を学生が占拠するという事態の背景には、九〇年代からつづく学生運動の伝統など複合的な要因があったにちがいない。だが『太陽花占拠』を観て気づかされるのは、台北の都市空間がもっている独特の開放性である。台湾の三月は東京でいえば初夏の陽気だ。占拠のあいだにTシャツを着た若者が立法院の前庭を埋めつくし、記者会見や集会に使っていた様子を映像は見せる。立法院の外に青島東路や鎮江街という通りがあって、コンビニやファストフード店がある日常的な空間なのだが、ここに人びとが座りこみ、学生を支援するNGO団体などがテントを張ってある種の「解放区」を形成している光景も興味ぶかい。

官庁街に隣接して商店街や公園、デパートや繁華街があるので、市民の生活空間の延長という感覚があるのだろう。だから映画でも描写されるように、学生の行動に刺激をうけた市民が立法院のまわりの街路に集まり、学生と一般人を問わずにディスカッションする行動も起きやすかったのだ。街路や立法院の壁は、段ボール紙や模造紙に描いた「反黒箱」や「反服貿」のレタリング、白い幕に描いた馬総統の風刺マンガなどの展示空間にもなった。そこへ、街路のあらゆるところで翻る手描きのひまわりのイラストが花をそえた。花屋や農家が彼らの運動を応援するために太陽花を差し入れしたことがきっかけで、このムーブメントは「ひまわり学生運動」と呼ばれるようになったそうだ。

占拠をデザインする

映画『太陽花占拠』のなかでも「陽光のない二四日間」というパートは、立法院におけるオキュパイの様子を、潘儀《パンイー》という二八歳のフリーター女子の視点から描いている。議場の占拠から二、三時間後に、周辺の飲食店や小売業者、大学の教員やＮＧＯが学生たちへの支援を決めて、水やスナック、それに寝袋を議場内で配った様子を記録している。彼女が「椅子でバリケードをつくったのはいいが、座るところがなくなった」という証言はおかしみを誘うが、最初の夜はすべてのドアを封鎖したので議場外にあるトイレにいけなかったという事態は深刻だったろう。電話ブースにカーテンをつけて、瓶やビニール袋をならべて簡易トイレとして使ったという。

ところで「人はだれでもデザイナーである」といったのは、『生きのびるためのデザイン』という本を書いたヴィクター・パパネックだった。デザインはあらゆる人間活動の基礎であり、望ましい秩序をつくりだすためにコトやモノを整えることがデザインの本質にはある。このパートによれば、三〇〇人近くが占拠するなかで空調が切られて、内部は極度に暑く息苦しかったという。体調不良を訴えて脱落する者もたえなかったが、外から新たな参加者も次々にやってきた。議場内に医大生や看護師による「診療部」がつくられて、潘儀を診察するシーンには驚いてしまう。診療部だけではない。学生たちは外部と協力しながら、物資管理部、メディア対応部、情報発信部、翻訳部といったグループを議場内に組織するという環境的なデザインを施したのだ。

情報発信部は議場内からSNSや動画サイトを使って、リアルタイムで政府との交渉の進展や自分たちの状況を世界にむけて発信した。学生たちがヴィデオカメラをまわして、日本のニコニコ動画などをつうじて二四時間、最後の日まで中継しつづけたことは有名だ[1]。そんな占拠状態のなかで、ある者は翻訳し、ある者は絵を描き、ある者は議場内のルールづくりに奔走した。『太陽花占拠』では「洗面台の近くに歯ブラシを置き放しにしない」「割り箸と弁当の容器は仕分けて捨てる」「ドライヤーのコードは使用後にしばる」といったルールがつくられ、模造紙に書かれて貼りだされる。潘儀もまたテンポラリーな共同体のなかで、自分に何ができるかを自問していた。

相手が何を必要としているかを理解し、それに対してできることを考えて、行動する。太陽花運動とは民主主義をケアすることと、他者を気づかうことがわかちがたく、同時に進行する運動である。当たり前のことをいうようだが、普通の生活を送るための環境がない場所で、それを突然行わなければならない時、何が起きるだろうか。それままさに、誰もが誰にたいしてもケアしなければならないという状況である。各人が得意とすること、知識をもつこと、技をもつことを総動員して、出来ることをするという人間的なマルチタスク、それが占拠という特殊な状況で生まれる。[2]

写真撮影とフィールドワークによってひまわり運動を考察した港千尋は、著書『革命のつくり方』のなかで「ケア」というキーワードを提示している。[3] たしかに最初は「サービス貿易協定」に反対する学生運動であった。しかし、学生や若者が議場をオキュパイするなかで、それは一人ひとりが他人をケアしながらみんなに提案し、みんなの問題を解決するために貢献するという運動にアップグレードされていったのだ。ただ社会の変革を訴えるのではなく、自分のこととしてより良い社会づくりを目ざすという意味で、それは「ソーシャル・デザイン」に近い行為だった。広義のデザイン活動が運動のなかで映像、アート、出版、音楽、文学といった文化と結びつき成長していった様子が映画からも伝わってくる。もしかしたら「自分たちがどのような社会を築いていくのか」「どんな民主主義をつくっていくのか」と問うこともソーシャル・デザインの範疇に入るのかもしれない。それを自問し、他人と議論し、一般社会に発信したという点では、占拠された議場もそのまわりの街路も社会へと開かれた「学び舎」であった。最終的に立法院の院長は学生側の要求に応じると表明し、学生たちは議場から退去した。その後ろ姿を見て、わたしは思わず「この学びはまだ始まったばかりだ」と満足そうにつぶやいていた。

1 福島香織『SEALDsと東アジア若者デモってなんだ!』イースト新書、二〇一六年、九三頁。
2 港千尋『革命のつくり方 台湾ひまわり運動——対抗運動の創造性』インスクリプト、二〇一四年、七八頁。
3 同前。

またしても、書店や図書館でどの棚に分類されるかわからない本を書いてしまった。映画や映像のコーナーに置いてもらえればいいが、タイトルだけ見ると文化人類学や民俗学の書籍にも見える。目次や内容にまで目をとおしてもらえれば、本書が旅行記《トラヴェローグ》の側面をもち、近現代史や国際政治の領域に触れていることがわかるだろう。ここに集められた文章《テクスト》は、さまざまな論集や雑誌、映画のパンフレットなどに執筆したものだが、あらかじめ一冊の本にすることを意識して書いた。その経緯を簡単に説明したい。森話社時代に『クリス・マルケル』『アメリカン・アヴァンガルド・ムーヴィ』『ジャン・ルーシュ』の三冊の共編著と『映像の境域』という単著を編集してくださった五十嵐健司氏と、次の単著の企画について話していた。そのときに氏から「光学のエスノグラフィ」というタイトルの案がでた。わたしが日頃からおこなっている活動を的確に言いあてている言葉だと思った。そこで、さまざまな媒体から依頼された原稿を、いつしか一冊の本にまとめるための文章として書いていった。「光学のエスノグラフィ」という言葉が含意するものに関しては「プロローグ」に表現したつもりなので、ここではくり返さない。世界中で起きていること、過去に起きたできごとにわたしが応答するためには、映画や映像を観て、それを考察し、文章を書く行為が欠かせない。それだけであれば「映画批評」と呼べばいい。ところが、そこで受けたインスピレーションをもとに、沖縄、台湾、中国、東南アジア、アフリカなどへ出かけて、作品の背景にある文化や歴史を調査せずにいられない。それは広義の「映画研究」かもしれないし「文化批評」に片足を突っこんでいるかもしれない。それだけで満足はできず、現地で人びとにインタビューして歩き、映像や写真を撮影して作品をつくり、さらに旅行記も書く。その経験がフィードバックされて、自分の批評文のなかに入りこむ。ここまで来ると、自分がおこなっている活動に当てはまるジャンルが見つからない。

名づけようのない行為をしているということで、まったく構わない。劇映画、ドキュメンタリー、テレビニュース、ネット動画にいたるまで、世界中で光学的に撮影された映像を渉猟し、観て歩いた経験や考察を一種の民族誌にまとめること。それによってかき立てられた欲望を抱えながら、世界各地を歩いてフィールドワークや取材をして、文章や映像や写真へとアウトプットすること。両者がたがいに分離することなく、交差しながらシームレスにつながっているような状態を「光学のエスノグラフィ」と名づけられるのではないか。便宜上、「民族誌」という言葉を使っているが、社会学や文化人類学など既存の学問における研究論文とは無関係である。学術的な民族誌を書く訓練を受けたことはないし、本書が研究的な価値をもつと主張するつもりもない。わたしが書いているのは批評や評論やエッセイであり、英語圏であれば critical essay の範疇とされるものであって、自己表現としての文学に属するものだ。「民族誌《エスノグラフィ》」というのは、わかりやすくいうための比喩であることをご理解いただきたい。

初出時にお世話になった書籍、雑誌、パンフレットの担当編集者の方々に、この場を借りてお礼を申しあげる。旅先でどこの誰とも知れない人間のためにガイドし、通訳し、取材に応じ、ときには歓待してくださる方々がいなければ、本書を書くことはできなかった。改めてここで謝辞を述べることにする。前述のようにコンセプトの段階から積極的に関わってくださった五十嵐健司氏に最大限の感謝の意を表したい。一見、ひとりの著者が書いたように見える書籍も、実のところ、さまざまな人たちとの協働によって成り立っている。わたしはその代表者にすぎない。それが「光学のエスノグラフィ」という営為がもつ、もうひとつ別の側面ではないだろうか。

二〇二一年四月　パンデミックが一年以上つづく列島の片隅で

著者

初出一覧

プロローグ

「光学の民族誌」『映画以内、映画以後、映画辺境』（七里圭編、charm point、二〇一八年）

1

「民族誌家としてのアーティスト」『アメリカン・アヴァンガルド・ムーヴィ』（森話社、二〇一六年）
「ツァイ・ミンリャン、時間を描く画家」『あなたの顔』劇場公開パンフレット（ザジフィルムズ、二〇二〇年）に大幅加筆
「アピチャッポンと東北の森」『neoneo web』（neoneo 編集室、二〇一六年四月、原題「クメール神話とアピチャッポンの東北」）に加筆
「亜熱帯のコスモポリタン」『エドワード・ヤン 再考／再見』（フィルムアート社、二〇一七年）

2

「台南とシュルレアリスム」『現代詩手帖』二〇一九年五月号（思潮社、二〇一九年、原題「台南の超現実的ドキュメンタリー」）

「神話を彫塑する」『ドキュメンタリーマガジン neoneo』No.4（neoneo 編集室、二〇一四年一二月、原題「サモア島のモアナ」）＋『極北のナヌーク』DVDリーフレット（IVC、二〇一七年）に大幅加筆
「エスノフィクションの方法」『ジャン・ルーシュ』（森話社、二〇一九年）＋『アフリカ映画の世紀』（国際交流基金、二〇一九年、原題「ジャン・ルーシュ 西アフリカ映画への貢献」）
「久高島のコスモロジー」『ドキュメンタリーマガジン neoneo』No.12（neoneo 編集室、二〇一九年九月）
「むきだしの縄文」『neoneo web』（neoneo 編集室、二〇一八年二月）

3

「革命の民族誌」『ストローブ＝ユイレ』（森話社、二〇一八年）
「光の叙事詩」『ドキュメンタリーマガジン neoneo』No.11（neoneo 編集室、二〇一八年七月、原題「庶民の発見」）＋『死霊魂』劇場公開パンフレット（ムヴィオラ、二〇二〇年）
「リティ・パンと七つの外部記憶」『ドキュメンタリーマガジン neoneo』No.8（neoneo 編集室、二〇一六年一二月）
「ポスト東欧革命の映像」『思想』二〇一九年一〇月号（岩波書店、二〇一九年）
「ソーシャル・デザインとしての太陽花占拠」『現代思想 二〇一八年臨時増刊号　総特集＝現代を生きるための映像ガイド』（青土社、二〇一八年）

[写真情報]

下記、本書掲載写真はすべて著者による撮影である。

カバー　：ジャティラン、ジャワ島、2019年

本　扉　：サラ・ケオクー、東北タイ、2017年

扉　裏　：ボントック族の棚田、ルソン島、2020年

目　次　：トゥールスレン虐殺博物館、プノンペン、2017年

Ⅰ部扉表：サーン・プラプーム、東北タイ、2017年

Ⅰ部扉裏：街の看板、台北、2016年

Ⅱ部扉表：ストーン・モノリス、バベルダオブ島、2015年

Ⅱ部扉裏：アバイ、パラオ、2015年

Ⅲ部扉表：トゥールスレン虐殺博物館、プノンペン、2017年

Ⅲ部扉表：教会堂、トビリシ、2017年

［著者］

金子　遊（かねこ・ゆう）

批評家、映像作家。多摩美術大学准教授、芸術人類学研究所所員。映像、文学、フォークロアを領域横断的に研究する。

『映像の境域』（森話社、2017年）でサントリー学芸賞＜芸術・文学部門＞受賞。その他の著書に『辺境のフォークロア』（河出書房新社、2015年）、『異境の文学』（アーツアンドクラフツ、2016年）、『混血列島論』（フィルムアート社、2018年）など。

共編著に『クリス・マルケル　遊動と闘争のシネアスト』（森話社、2014年）、『アピチャッポン・ウィーラセタクン』（フィルムアート社、2016年）、『アメリカン・アヴァンガルド・ムーヴィ』（森話社、2016年）、『ジャン・ルーシュ』（森話社、2019年）など。

共訳書にティム・インゴルド『メイキング』（左右社、2017年）、アルフォンソ・リンギス『暴力と輝き』（水声社、2019年）などがある。

光学のエスノグラフィ――フィールドワーク／映画批評

発行日……………………2021年6月22日・初版第1刷発行

著者………………………金子　遊

発行者……………………大石良則

発行所……………………株式会社森話社

〒101-0047 東京都千代田区内神田1-15-6 和光ビル

Tel　03-3292-2636

Fax 03-3292-2638

振替　00130-2-149068

印刷………………………株式会社厚徳社

製本………………………榎本製本株式会社

ISBN　978-4-86405-160-6　C1074

映像の境域——アートフィルム／ワールドシネマ

金子遊　【第39回サントリー学芸賞受賞［芸術・文学］】
映像と言語、映像と芸術、映像と記録、政治と前衛、土地と伝統、民俗と信仰、その境域にたちあがる現代の相貌。映像表現の可能性を拡張したアヴァンギャルド映画や、様々な問題を含みこむ現代映画をその背景からとらえ直し、イメージの生成を探る、渾身の映像論集。
四六判280頁／本体2900円＋税

ジャン・ルーシュ——映像人類学の越境者

千葉文夫・金子遊編　「カメラと人間」をはじめとした作家自身による代表的な著作の翻訳と、多彩な研究者、作家による論考や資料からジャン・ルーシュの広大な世界を探る。A5判416頁／本体4300円＋税

アメリカン・アヴァンガルド・ムーヴィ

西村智弘・金子遊編　世界中からアメリカに集結した才能は、ジャンルの境界を越えて映像表現のさらなる深化と拡張をもたらした。戦前から現代にいたるアメリカ映画／美術のオルタナティヴな系譜を探る。
四六判368頁／本体3500円＋税

クリス・マルケル　遊動と闘争のシネアスト

港千尋監修／金子遊・東志保編　映画、文学、写真、ＣＧ、インターネット、アクティヴィズム。空間とメディアを横断し創作を通して闘い続けた稀代の表現者の謎に包まれた世界を多角的に考察する、本邦初のクリス・マルケル論集。四六判320頁／本体3500円＋税

フレームの外へ——現代映画のメディア批判

赤坂太輔　フレームの「内」と「外」、画面と音声の関係を軸に、ロッセリーニ、ブレッソン、ゴダール、ストローブ＝ユイレ、さらにアメリカや日本の戦後映画をたどり、ロシア、南米、中東などの先鋭的な映画作家まで、「フレームの外へ」と分析の眼差しを向ける、ポスト・トゥルース時代の現代映画論。四六判304頁／本体2900円＋税